일하지 않고 배불리 먹고 싶다

HATARAKANAIDE TAFUKUTABETAI
by Yasushi Kurihara
Copyright ⓒ 2015 by Yasushi Kurihara
All rights reserved.
Originally published in Japan by TABABOOKS
Korean translation rights arranged with TABABOOKS
through BESTUN KOREA AGENCY
Korean translation rights ⓒ 2016 SEOYUJAE Publishers

이 도서의 국립중앙도서관 출판예정도서목록(CIP)은
서지정보유통지원시스템 홈페이지(http://seoji.nl.go.kr)와
국가자료공동목록시스템(http://www.nl.go.kr/kolisnet)에서 이용하실 수 있습니다.
(CIP제어번호: CIP2016020386)

일하지 않고
배불리 먹고 싶다

부채사회 해방선언

구리하라 야스시 지음 ◆ 서영인 옮김

서유재

일러두기

• 본문의 각주는, 저자 주는 고딕체로, 옮긴이 주는 명조체로 구분하여 표기하였다.
• 책의 제목은 『 』, 논문 및 작품명은 「 」, 드라마 및 영화와 노래 제목은 〈 〉로 구분하였다.
• 외래어 및 외국어의 표기는 국립국어원의 기준을 따르되 포털 사이트의 백과사전 및 인명
  사전을 두루 참고하였다.

차례

언제나 즐겁고 배부른

베짱이처럼

일하지 않는 자 먹지도 말라.

요즘 새삼스럽게 이 격언의 힘을 실감하고 있다.

절대 끝나지 않을 것 같은 불황의 시대, 뉴스는 기업 폐쇄로 시작해 경제 파탄으로 끝난다.

겉으로야 신자유주의와 비참한 노동현실에 대한 비판의 목소리가 커져 가고 있지만 실상은 깜짝 놀랄 만큼 다르다. 불황이니까 해고는 어쩔 수 없다, 온 국민이 단합하여 불황을 이겨내자, 실업자는 저임금으로라도 일하고 싶어 한다, 일할 수 있는 게 어디냐 등등.

"나는 일하지 않겠습니다"라고 했다가는 국민 실격 판정을 받고 말 것 같다.

노동윤리란 원래 무엇이었던가. 나에게는 언제부터 이런 것이 주입된 것일까.

과잉이다 싶을 정도로 부풀려진 노동윤리에 대해 생각하다가 문득 예전에 대학 선배가 해 주었던 이야기가 떠올랐다.

"기분 최고야! 즐겁구나, 즐거워."

베짱이는 바이올린을 켜며 여름 한때를 즐기고 있었습니다. 벌과 나비도 함께 즐겁게 춤추고 있었습니다.

그때 등에 잔뜩 짐을 진 개미가 지나가다가 말했습니다.

"아, 정말 바빠도 너무 바쁘구나. 피곤하다. 어라? 너 베짱이 아냐? 지금 뭘 하고 있는 거야. 이런 게으름뱅이 같으니라구. 일은 언제 하려구!"

베짱이가 말했습니다.

"시끄러워. 한창 재밌는 판인데. 저리 가! 휘이, 휘이."

개미는 고개를 절레절레 저으며 가던 길을 갔습니다.

여름이 가고 가을이 지나 겨울이 왔습니다. 여름과 가을 내내 부지런히 일했던 개미는 따뜻한 집에서 풍족한 생활을 누리고 있었습니다. 그러나 베짱이는 모아 둔 먹이가 없었습니다. 겨울 들판은 황량하기만 했습니다.

베짱이는 개미의 집으로 갔습니다.

똑똑, 똑똑.

통통하게 살이 오른 개미가 문을 열었습니다.

"개미님, 개미님, 배가 고파요. 먹을 것 좀 주세요."

그러자 개미는 의기양양한 얼굴로 이렇게 말했습니다.

"난 몰라. 놀 땐 좋았지? 자업자득이야, 자업자득!"

픽! 우적우적. 꿀꺽.

순식간에 일어난 일이었습니다. 베짱이가 한입에 개미를 삼켜 버린 겁니다. 안된 일이지만 풍족하게 먹고 자고 했던 개미가 참을 수 없이 먹음직스러워 보였기 때문입니다.

그 후 베짱이를 뒤따라 온 벌과 나비도 개미의 집에서 함께 행복하게 살았다나 어쨌다나.

이것은 이솝우화 「개미와 배짱이」를 패러디한 것이다. 우리는 어릴 적부터 이 우화의 원래 버전을 통해 일하지 않는 자 먹지도 말라는 교훈을 배워 왔다. 그리고 이 교훈은 1970년대 들어 특별히 더 그 힘을 발휘했다.

1974년 제1차 석유파동 후, 세계는 지금과 마찬가지로 불황을 겪고 있었다. 복지국가에서 신자유주의로 전환해야 한다는 압박이 거셌고 따라서 노동윤리도 더욱 강화될 필요가 있었다.

복지국가 체제에서는 정규직의 장점을 말하면서 열심히 일하면 생계를 꾸릴 수 있고 가족을 부양하는 것도 가능하다고 고무하는 정도였지만 신자유주의하에서는 사정이 달라졌다.

노동윤리 담론을 비정규직에게까지 확장시켜야만 했다. 언제 해고당할지도 모르고 복지 혜택은 물론 수당도 없는데 그저 열심히 일하라고, 무슨 일이든 일하는 보람은 있기 마련이라며 노동의 보람을 강조하는 담론이 선동적으로 확산되었다.

다른 나라에서는 무슨 정신 나간 소리냐고 노동자들이 폭동을 일으키는데 일본에서는 이 윤리가 놀라울 정도로 자연스럽게 먹혀들었다.

덕분에 아무리 추운 날에도 정규직도 아닌 아르바이트생이 어이없이 해맑은 미소를 띤 채 홍보용 전단지를 나누어주는 일이 공공연히 벌어진다.

그리고 오늘 노동윤리는 지독한 불황을 핑계 삼아 이전보다 더욱 왜곡되고 있다.

이렇게나 비정규 직종의 일이 많은데 일을 얻지 못하는 것은 네 탓이다, 일하라, 어서 일하라, 뭐라도 하라!

그러나 생각해 보자.

모두 진심으로 절실히 일하고 싶어 할까. 오히려 지금까지 열심히 일했으니 해고가 되거나 일자리를 얻기 힘들 때는 돈을 받으면서 쉬었으면 좋겠다고 생각하는 사람은 없을까.

아니, 이렇게 한번 생각해 보자.

일자리 찾기가 힘드니까 서로 도와서 일하지 않고도 먹고 살 수 있는 길을 찾는 편이 좋지 않을까.

어쩌면 이러한 상호부조야말로 원래 노동이라 불러 마땅한 것이 아닐까.

모두가 춤추고 싶을 만큼 즐거운 공간을 만드는 것이야말로 진정한 의미의 노동이 아닐까.

놀고 싶다.

놀고 싶다.

놀고 싶다.

베짱이가 이야기의 주인공이 되는 순간 지금까지와는 전혀 다른 세상이 보인다. 노동윤리 역시 분명 완전히 다른 것

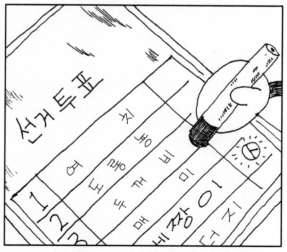

이 될 수 있을 것이다.

일하지 않고 배불리 먹고 싶다.

이것이야말로 우리 시대의 새로운 격언이다.

제발
저 좀 살려 주세요

옛날에 내가 수행하고 있던 절에 호이치^{芳一}라는 젊은이가 신세를 지고 있었습니다. 호이치는 비파병창[◆]의 명인이었습니다. 「헤이케 모노가타리^{平家物語}」^{◆◆} 같은 것을 읊기 시작하면 누구라도 눈물을 흘리지 않을 수 없을 정도로 빼어난 솜씨였습니다. 그런데 호이치가 어느 날 이상한 말을 하기 시작했습니다.

◆ 악기를 켜며 노래하는 것.
◆◆ 일본의 고전문학. 헤이안 시대 말기를 배경으로 헤이 가문의 영광과 몰락을 내용으로 하고 있으며 평이하고도 유려한 문장으로 널리 알려져 있다.

"최근에 말입니다. 헤이 가문平家*의 원혼이 매일 밤 찾아와서 자꾸 연주를 해 달라고 해요. 얼마나 잘 들어 주는지 연주하는 나도 즐겁다니까요."

주지스님은 호이치의 이야기를 듣고 원혼과 이야기하는 건 위험하다고 진심으로 충고를 해 주셨습니다.

그런데 다음 날, 나는 믿을 수 없는 광경을 목격하게 되었습니다.

한밤중에 호이치의 방에서 '꿰엑' 하는 비명 소리가 나 달려가 보니 호이치가 귀를 붙잡고 데굴데굴 구르고 있는 것이 아니겠습니까. 그것도 홀딱 벗고서요. 몸에는 온통 글씨가 새겨져 있었습니다.

어떻게 된 일일까요?

나중에 들은 이야기로는 원혼에게 보이지 않도록 주지스님이 호이치의 온몸에 반야심경을 써 주었다는 겁니다. 그런데 귀에다가 쓰는 것을 깜박 잊는 바람에 원혼에게 귀를 물어뜯겼다는 거예요. 믿을 수 없었지만 호이치의 귀가 잘려

◆ 헤이안(平安) 시대 말기 권력을 쥐었던 가문.

나간 것은 틀림없는 사실이었습니다. 하여튼 그때 고통에 몸 부림치며 호이치가 했던 말을 아직도 잊을 수가 없습니다.

"살려 주세요. 제발 저 좀 살려 주세요."

어쩌면 그것은 원혼들이 외치는 소리였을지도 모르겠어요.

이것은 「귀 없는 호이치」라는 괴담이다. 메이지 시대에 고이즈미 야쿠모小泉八雲* 가 소개하면서 일약 유명해졌다. 그러나 이 괴담의 원래 제목이 「귀 자르기 일당」이었다는 것은 잘 알려져 있지 않다.

주인공은 귀를 잘랐던 헤이 가문의 원혼들이다.

나는 NHK 대하드라마 〈타이라노 키요모리平清盛〉** 를 정말 좋아했기 때문에 그 꼬마 원혼들 얘기를 들으면 그만 완

◆ 그리스 출신의 신문기자, 기행문 작가, 소설가, 일본연구자, 일본민속학자. 1890년 미국 출판사 직원으로 일본에 와서 이후 1895년 일본 국적을 취득하고 일본에서 사망했다. 일본에서 영어교사로 일하면서 서구에 일본을 소개하는 책을 여러 권 남겼다.

◆◆ 2012년 방영된 NHK 대하드라마. NHK는 매년 역사 속 유명인물을 소재로 대하드라마를 제작, 방영한다. 타이라노 키요모리는 헤이안 시대 말기의 장수로 당시 최고 대신의 자리에까지 올랐으며 일본 역사상 최초의 무신 정권을 세운 인물이다. 그러나 오랜 기간 권력을 잡은 타이라 가문에 반발한 반란이 일어났고 그 와중에 열병으로 사망했다.

전히 감정이입해 버리게 된다.

어쨌든 이 괴담을 듣고 헤이 가문의 원혼들을 탓하는 사람은 아마 없을 것이다. 쓸데없는 짓을 한 주지나 화를 낸다면 모를까. 헤이 가문의 원혼들은 호이치의 노래를 들으면서 이루지 못한 꿈과 희망을 생각하며 그저 눈물을 흘렸을 뿐이니 가엾다고 여길 수는 있어도 심하다거나 무섭다고 생각하지는 않을 것이다.

귀를 물어뜯은 것도 이유가 있지 않은가. 주지의 쓸데없는 짓 때문에 호이치의 귀밖에 보이지 않으니까 그것을 가져가려 했을 뿐인 것이다.

새삼 이 오래된 괴담을 들먹이는 까닭은 이 이야기가 현대 사회를 살아가는 우리에게도 중요하다고 생각하기 때문이다.

우리를 둘러싸고 있는 이 사회는 인지자본주의라 부를 수 있다. 세상이 돈 버는 일을 중심으로 움직인다는 것은 예나 지금이나 다를 것 없지만 그 최종 수단이 인간의 인지능력, 즉 정보가 되었다는 점이 다르다. 그러니까 인지자본주의에서 중요한 것은 어떤 정보가 들어왔을 때 그 정보에 적절한 방식으로 반응하는 것, 주저하지 않는 것이다.

'인지능력' 어쩌고 하니까 뭔가 인간의 인지능력을 중요시하는 것처럼 보일지도 모른다. 그러나 실상은 무엇을 생각하거나 인지하는 것과는 아무 상관이 없다.

말하자면 이 사회는 정보를 듣고 그것을 인지하여 거기에 반응하는 것만을 중요시한다. 그저 사람의 이야기를 듣는 것만을, 한마디로 말해서 귀만을 중시하는 사회이다. 이런저런 정보가 귀에 들어오면 아무 생각 없이 그저 들은 대로 움직이라는 것. 그러니까 위에서 명령이 내려오면 거기에 따르기만 하라는 것이다.

거기다 예전 같으면 회사에 있는 동안만 그렇게 하는 걸로 족했지만 지금은 텔레비전과 인터넷을 통해서 사적인 시간마저 그렇게 하기를 강요받는다. 인지자본주의는 일상생활에까지 침투해 있는 것이다.

좀 더 알기 쉽게 이야기해 보자.

정보라는 것은 처음부터 문제를 해석하는 방식이 정해져 있다.

예를 들어 흔히들 교토 하면 관광지라는 이미지를 떠올리기 마련이다. 그런데 나는 일 년에 서너 번 교토에 가지만 순수하게 관광을 위해 가는 일은 극히 드물다. 대체로 데모나 집회 같은 구체적인 목적이 있을 때가 많다. 교토에 간다고 말하면 모르는 사람들은 부럽다고 난리지만 내가 교토에 가는 목적을 말하자마자 갑자기 대화가 끊기는 일이 다반사다. 흥미가 없거나 관광 이외의 것은 기대하지 않기 때문일 것이다. 교토에 사는 사람들의 반응도 대체로 마찬가지다.

지난번 방문 때는 교토의 대나무숲 근처를 어슬렁거리다가 오래된 무덤이 있기에 잠시 들여다보았다. 천황의 묘 어쩌고저쩌고 하는 장황한 설명이 잔뜩 쓰여 있었다. '뭐야, 그냥 지배자라는 이야기잖아', 생각하며 시큰둥하게 들고 있던 칼피스를 쏟아 버리고 있는데 마침 그 자리에 있던 사람이 못 볼 것을 보았다는 듯 나를 째려보았다. 뭔가 나쁜 짓이라도 한 기분이었다.

교토를 방문할 때마다 나는 수시로 천황의 묘, 오래된 절 앞에서 경건한 마음으로 관광객에 걸맞은 태도를 주문하는 시선과 마주친다.

당황스럽다.

그 밖의 다른 생각은 하면 안 된다는 것일까. 답답한 일이다.

우리는 언제 어디에 있더라도 하나의 행동을 선택할 수밖에 없다. 살아 있는 한 당연한 일일 수밖에 없지만 지금의 인지자본주의는 그 한 가지마저 생각의 여지가 없다. 이건 정말 심각한 일이다.

만약 아직 실현되지 않은 행동도 하나의 삶, 혹은 살아가는 방식이라 한다면 우리는 무수한 생을 말살당하면서 살아가고 있다. 그리고 우리는 이것이 살육이라는 것조차 자각하지 못한다. 이건 정말이지 엄청난 죄악이다.

우리는 숱한 원혼에 둘러싸여 있다. 원혼 같은 건 없다거나 또는 지금 뭔가 정보를 찾아보면 된다고 생각하는 사람이 있다면 호이치에게 쓸데없는 충고를 한 주지와 다를 바가 없다.

인지자본주의는 이런 경우에 이렇게 해야만 한다는 주지의 설교가 너무 많다.

어쩌면 좋을까.

나는 일단 귀를 닫고 우리에게 내려지는 명령을 거부하면 된다고 생각한다. 어쩌면 호이치처럼 격렬한 통증을 동반하게 될지도 모른다. 귀를 닫는 그 행위에는 살육당한 원혼의 무게가 무한대로 얹혀질 것이므로. 우리가 그것을 견딜 수 있을까.

"살려 주세요. 제발 저 좀 살려 주세요."

귀 없는 호이치의 인간 파업.

그것은 스스로 귀를 잘라내고 원혼 그 자체가 되는 일이다. 인지자본주의에 맞서서.

주지의 헛소리는 이미 너무 많다. 일단 '귀 자르기 일당'을 조직하자.

국가 같은 건
어떻게 되어도 좋아

3월 11일, 그날은 '기본소득 연구회' 모임이 있어서 와세다에 갈 예정이었다. 그런데 낮잠을 자고 일어나 보니 모임 시작 시간인 오후 3시였다. 나는 사이타마埼玉의 부모님 집에 살고 있고 거기서 와세다까지는 두 시간이 걸린다. 이미 모임에 가기는 틀려 버렸지만 뒤풀이라도 가려고 샤워를 하고 옷을 입고 있었는데 갑자기 대지진이 일어났다.

나는 2층에 있는 내 방으로 뛰어올라 갔다. 내가 목숨보다 아끼는 텔레비전이 막 공중으로 솟구쳐 춤을 추려는 참이었다. 일촉즉발의 순간. 떨어지려는 텔레비전을 받아 감싸 안고 나는 책상 밑으로 기어 들어갔다. 텔레비전도 나도 무사하니 일단 안심이었다.

지진이 가라앉고 난 후 텔레비전을 켜 보니 석유화학 공단 화재에 쓰나미까지 겹쳐 몇 명이 죽었는지도 모르는 상황이라고 했다.

갑자기 나카다仲田 군이 고향인 이바라키茨城로 갈 거라 했던 게 생각이 났다. 걱정이 되어 전화를 해 보았지만 연결이 되지 않았다. 죽어 버린 것은 아닐까. 연구회의 동료들도 걱정이 되어 호리堀 군에게 "오늘 지진 때문에 못 갔어요"라고 문자를 보냈다. 답은 오지 않았다.

3월 12일 아침, 배가 고파서 주방으로 가니 부모님이 멍하니 앉아 계셨다. 아무래도 원자력 발전소가 위험한 것 같다고 하셨다. 부모님은 차에 기름도 넣을 겸, 식료품을 사러 다녀와야겠다면서 필요한 것이 있냐고 물으셨다. 나는 '레드 와인'을 사다 달라고 했다.

아무것도 생각할 수 없었고, 아무 일도 할 수 없었다.

저녁 무렵 이웃에 사는 여자애로부터 전화가 걸려 왔다. 꼭 전해 주고 싶은 것이 있다고 해서 만나러 갔다. 종이봉투를 받아 열어 보니 거북 모양을 한 멜론빵이 들어 있었다. 웬 거북인지 지금까지도 모르겠지만 분명 나를 걱정하는 마음을 거기에 담았던 거겠지. 고마워요, 인사를 건네고 집으로 돌아왔다.

밤에 호리 군으로부터 답문자가 왔다. 와세다에 있을 때 지진이 일어났지만 모두 무사하다는 내용이었다. 교통편이 없어 집까지 몇 시간이나 걸려서 걸어온 모양이었다.

나는 낮잠을 자서 다행이라고 생각했다.

3월 13일 아침 전화벨 소리에 깼다. 야부矢部 씨였다. 혼이 나간 목소리였다.

"도카이무라東海村의 원자력 발전소가 폭발했어요. 즉시 피난하세요."

나는 너무나 공포에 질린 나머지 다시 잠들어 버리고 말았다. 오후에 나카다 군이 전화를 했다. 살아 있구나. 다행이다. 나카다 군에 의하면 도카이무라는 괜찮은데 후쿠시마의 방사능이 심각하다고 했다.

나고야名古屋로 피난을 가기로 했다. 야부 씨가 피난민을 위해서 나고야의 고향집을 개방했다. 그런데 우리 집 쪽은 전차가 운행 중지되어 움직이는 것이 불가능했다. 망했다.

다음 날 나카다 군은 다른 친구들과 나고야로 떠났다. 나는 집에서 빈둥거릴 수밖에 없었다.

이상한 긴장감이었다. 까마귀의 울음소리도 심상치 않게 들렸다. 무서웠다.

3월 15일, 부정기적이긴 하지만 전차가 운행되기 시작했다. 아침에 집을 나섰다. 하마마쓰초浜松町까지 고속버스를 타고 가기로 했다. 버스를 기다리면서 원자력 발전소에 불이 붙어 있는 광경을 텔레비전으로 보았다. 자위대가 헬리콥터로 물을 뿌리고 있었다. 그걸로 불이 꺼질 리가 없었다. 나고야로 가는 버스 안에서도 불타오르던 원자력 발전소의 영상이 계속 떠올랐다.

문득 도쿠가와 쓰나요시德川綱吉가 생각났다. 그가 살았던 시대가 어쩐지 지금과 닮아 있다고 생각했다.

쓰나요시는 바보로 유명한 쇼군＊이다. 개쇼군＊＊이라는 별명으로 불렸다. 그가 쇼군이 된 것은 메이레키明歷 대화재＊＊＊ 직후였다. 이틀간에 걸친 화재로 에도는 완전히 불타 버렸고 10만 명이 불에 타 죽었다.

당시 에도의 인구가 100만 명 정도였으니까 약 1/10이 죽은 것이다. 쓰나요시의 집도 전소되었다. 그로부터 몇 년이 지나 쇼군이었던 형이 죽고 쓰나요시가 뒤를 이었다. 임무는 당연히 에도의 부흥이었다.

그런데 쓰나요시는 부흥을 위해 이상한 법령을 내놓았다. '살생금지법'이었다. 이 법령 때문에 쓰나요시는 바보라고 불렸지만 그의 입장에서는 극히 당연한 법이었고 그는 진지했다.

메이레키 대화재에서는 어쨌거나 많은 생명이 목숨을 잃었다. 그 잃어버린 목숨 앞에 경건해질 수밖에 없었을 것이다.

무엇보다 화재 이후 그는 인간과 동물이 서로 연대하는 것에서 깊은 인상을 받았다.

생의 본질은 대가 없는 사랑이며 연민의 정이다. 그리고 정치가가 할 일은 그것을 널리 퍼뜨리는 것뿐, 그저 오로지 살아 있는 것들을 가엾게 여길 뿐. 그러나 살생금지법은 쓰나요시가 생각한 것과는 정반대의 방향으로 나아갔다. 말

◆ 한자로 장군(將軍)이라 쓰지만 한국에서 사용하는 장군과는 조금 개념이 다르므로 쇼군이라 옮긴다. 시대에 따라 의미하는 바가 조금씩 다르나, 에도 시대에는 실권 없이 명목뿐이었던 천황 대신 실질적으로 막부를 통치하는 최고통치자였다.

◆◆ 이누쇼군(犬將軍). 개를 좋아해서 이런 별명이 붙었다고 한다.

◆◆◆ 메이레키(明歷, 일본의 연호, 1655~1657년) 3년(1657년) 3월에 일어난 대화재. 당시 에도(江戸, 도쿄의 옛 이름)의 대부분이 이 화재로 불탔다.

단 관리들이 막부의 지배를 강화하는 데 그 법을 이용했다.

개를 죽이는 것도 금지, 괴롭히는 것도 금지, 일상생활을 감시하여 어기면 엄격하게 처벌했다. 백성들은 벌벌 떨며 점점 자신의 행동이 살아 있는 것에 해를 끼치는 건 아닌가 조바심을 내게 되었다.

어쨌거나 쓰나요시는 에도의 재건에 성공했다. 그런데 여기에서 새로운 문제가 생겼다. 막부의 돈이 바닥난 것이다.

어떻게 하면 좋을까.

쓰나요시의 해답은 명쾌했다. 금화의 질을 떨어뜨리는 것. 금화의 성분에 포함되는 금의 양을 줄이는 것이었다. 이것이 바로 겐로쿠元禄 금화이다. 그러나 이 해결책은 곧 들켜 버렸고, 에도 전체가 패닉 상태에 빠졌다.

사실 별문제도 아니었는데 인플레다 경제파탄이다 하면서 민심이 흉흉해졌다. 그러나 쓰나요시는 꿈쩍도 하지 않았다.

설령 에도의 경제가 붕괴된다 하더라도 백성의 팔 할이 농민이니 괜찮다고 생각했던 것이다.

1707년에는 후지산富士山이 폭발했다. 수많은 농민이 죽었고 농토가 훼손되었다. 이를 가슴 아파한 까닭일까, 얼마 안가 쓰나요시는 죽었다.

쓰나요시의 에도에서 그랬듯, 지진 직후 우리는 대가 없는 사랑과 연민의 정을 경험했다. 그럼 그것이 널리 퍼져 나가도록 하면 될 것인데, 거기에 연대라고 하는 사회·도덕적 덮개가 덧씌워졌다.

도호쿠간토* 지방의 산물은 위험하니까 먹으면 안 된다든가, 피폭노동은 위험하니까 해서는 안 된다든가 하는 말을 입밖에 내는 것조차 자발적으로 규제하는 분위기가 지금 만들어지고 있다.

돈 문제도 그렇다.

부흥 때문에 자금난이 왔다고 하면서 묻지도 따지지도 않고 소비세가 올랐다. 정부는 돈이 다 떨어졌다며 공포 분위기를 조성하고 증세밖에 답이 없다는 거짓말이나 하고 있다.

인간은 세금 때문에 노예가 된다.

파국.

◆ 일본의 동북지방과 관동지방. 동북지방은 혼슈(本州) 동북쪽의 아오모리현(青森県), 이와테현(岩手県), 미야기현(宮城県), 아키타현(秋田県), 야마가타현(山形県), 후쿠시마현(福島県), 관동지방은 도쿄도를 중심으로 한 혼슈의 동쪽 지방으로 도쿄도(東京都), 이바라키현(茨城県), 도치기현(栃木県), 군마현(群馬県), 사이타마현(埼玉県), 치바현(千葉県), 가나가와현(神奈川県)을 말한다.

이제 후지산 폭발이라도 기다려야 하는 것일까.

분명 쓰나요시가 살아 있다면 이렇게 말할 것이다.

"국가 같은 건 어떻게 되어도 좋아, 사회 같은 건 아무래도 상관없어, 그저 오로지 살아 있는 것들이 가여울 뿐."

나고야로 가던 때부터 내내 이것을 생각했다.

마침내 에도의 역사가 끝났다.

거북 모양 멜론빵과

나의 연애

올해 6월, 친구의 권유로 도쿠시마현德島県에 있는 요시노가와吉野川에 갔다. 일본 제일의 격류로 알려진 요시노강에서 래프팅을 하기 위해서였다. 나는 수영을 할 줄 몰라 가기 싫다고 했지만 라이프 재킷을 입으면 괜찮다는 친구의 말에 결국 설득당했다. 래프팅은 배를 타고 강을 따라 내려가는 것이니 물에 닿을 일은 없겠지 하는 생각도 한몫했다. 그러나 그것은 엄청난 착각이었다.

시작도 하기 전에 인솔자는 물살이 너무 세서 두세 번은 배가 뒤집어질 거라고 했다. 그러니까 스스로 격류를 타고 넘으면서 물에 익숙해지라는 것이었다. 청천벽력이었다. 나는 깜짝 놀라 주위를 둘러보았다. 모두 고개를 끄덕거리며 듣고 있었다. 그러고는 줄줄이 바위 위로 기어 올라가서 풍덩풍덩 격류 속으로 몸을 던지기 시작했다.

인솔자가 큰소리로 지시를 내렸다.

"흐름에 따라 발을 앞으로 하고 나아가 주세요. 그렇게 하지 않으면 머리가 바위에 부딪칩니다."

내 차례가 되었지만 몸이 움츠러들어 움직이지 않았다. 나는 벌벌 떨리는 손을 모아 잡고 기도를 했다. 그리고 강에 뛰어들었다.

물속으로 들어가자마자 순식간에 엉망진창이 되었다. 엄청난 속도로 빙글빙글 도는 물살 속에서 어디가 앞인지도 알 수 없었다. 바위에 몸이 쿵쿵 부딪쳤다. 아팠다. 숨도 쉴 수 없었다. 라이프 재킷을 입어서 얼굴은 그대로 드러나 있었지만 숨을 쉴 때마다 눈, 코, 입으로 쉴 새 없이 물이 들어왔다. 아무리 발버둥을 쳐도 그대로였다. 아무것도 할 수 없었다.

이제 죽는 건가.

그런데 괴로움의 한 단계를 넘어서자 어쩐지 기분이 좋아졌다.

인간의 힘이란 건 고작 이런 것이다. 나의 의지로 무엇이든, 어떻게든 된다고 생각한다면 그것은 큰 착각이다. 인간의 힘이니 의지 따위 그냥 팽개쳐 버리는 것이 좋다. 그렇게 생각하자 갑자기 온몸에 에너지가 흘러넘치는 것 같은 기분이 들었다. 수영도 못하는 내가 강을 타고 내려가다니 그것만으로도 대단한 것 아닌가. 원래 인간의 몸은 60퍼센트 이상이 물이니까 강에 들어오면 내가 강이다.

격류가 되어 소용돌이치며 춤춘다.

위험하다, 즐겁다, 한 번 더.

이제 더 신나게 놀아 볼까.

사실 여행을 즐긴다는 목적도 있었지만 일부러 래프팅을 하러 간 데에는 또 다른 이유가 있었다. 하나는 친구 때문이었다.

나를 도쿠시마까지 데리고 간 그 친구는 대학 때부터의 친구로 평범한 직장인이었는데 올해 4월부터 외국계 기업으로 전직을 했다. 수입은 늘었지만 보통 바쁜 게 아닌 모양이었다. 과로사 직전에 의사로부터 무조건 쉬라는 말을 듣고 2주간의 휴가를 받았다. 그래서 기분도 전환할 겸 여행이라도 가자, 이왕이면 일본 제일의 격류에서 래프팅을 해 보자, 이렇게 된 것이었다. 분명 친구도 무언가 완전히 비워 버리고 싶은 것이 있었을 것이다. 직장이나 일 따위 될 대로 되라지 같은.

나에게도 여행의 이유가 있었다. 여행 직전에 나는 2년 정도 사귀었던 여자친구에게 차였다. 그렇게 오래 사귄 것은 아니었지만 결혼 약속까지 했던 사이였기 때문에 여러 가지로 심란했다. 슬프지는 않았는데 묘하게 마음이 아팠다. 그래서 친구가 내게 래프팅을 하러 가자고 했을 때 무섭기는 했지만 뭐 어떠랴 싶기도 했다. 나 역시 완전히 버리고 싶은 것이 있었다. 결혼 같은 거 될 대로 되라지 하는 마음.

이제부터는 그런 내 이야기이다.

일자리가 얼마든지 있는데 하고 싶은 일만 하겠다니!
그건 응석이야. 애들이나 하는 짓이라구.

내가 그녀를 만난 것은 2011년 2월이었다.

친구가 주선한 미팅이었다. 도쿄에서 술을 마시며 이야기하다 보니 우연히도 같은 고향 사람이었다. 나는 사이타마에 살고 있었는데 그동안 같은 고향 사람을 만난 적이 거의 없었다. 그녀와 나는 금방 친해져서 다음 데이트 약속을 했다.

약속한 날, 이웃 동네인 카스카베시春日部市에 있는 라라가든ララガーデン에서 영화를 보았는데 바로 며칠 후 동일본 대지진이 일어났다. 나는 집에 있었기에 무사했지만 주위 사람들이 걱정되었다. 여러 친구들에게 전화와 문자를 해 보았으나 전혀 연락이 되지 않았다. 그런데 같은 지역에 사는 그녀와는 연락이 닿았다.

그녀는 초등학교의 보건 선생이었고 지진이 일어났을 때 마침 하교 시간이어서 아이들을 진정시키느라 애를 썼던 모양이었다. 통화하는 동안 내 덕분에 긴장이 풀렸다는 말을 몇 번이나 했다.

다음 날 그녀가 전화를 해서 집 근처 역에 와 있다고 했다. 나갔더니 어제의 일에 대한 감사라면서 종이봉투를 내밀었다. 봉투 안에는 녹색 물건이 들어 있었다. 거북이었다.

"거북멜론빵이라고 부르는 거예요."

나는 좀 당황했지만 그래도 기뻤다. 어쨌거나 식량이 부족하다든가, 휘발유가 없어서 큰일이라든가 하는 소리가 들리고 있던 때였다. 그런데 자기 일은 젖혀두고 빵을 구워 갖다 주었다는 것이 기뻤다.

그 후에 나는 방사능을 피하기 위해 아이치현愛知県으로 잠시 피난을 갔다가 집으로 돌아온 후 그녀와 정식으로 사귀게 되었다.

그녀는 처음부터 결혼을 전제로 사귀고 싶다고 했다. 벌써 서른 살이니까 아이 낳을 일도 생각해야 한다는 그녀와 달리 나는 아이 같은 건 생각해 본 적도 없었지만 일단은 그렇게 하자고 했다.

불순한 계산이 있었을지도 모르겠다.

나는 당시 서른두 살이었고 수입이 거의 없었다. 대학원을 졸업한 후 대학교 시간강사직을 얻었지만 수업은 한 학기에 한 강좌뿐. 대학원 때부터 빌린 6백만 엔이 넘는 등록금 대출도 있었다. 대학교의 전임이라도 되면 연 수입이 천만 엔을 넘겠지만 그렇게 될 전망 같은 건 전혀 보이지 않았다.

그러니까 나 같은 인간이 결혼이나 아이를 생각하려면 상대는 상당한 부자이거나 공무원 정도는 되어야 하겠지 생각하고 있었다. 약간의 자포자기 비슷한 심정이었다.

다행히 그녀는 공무원이었고 도움을 받는다면 지금의 수입으로 어떻게든 살아갈 수 있을 것 같았다. 아이가 생긴다면 생기는 대로 내가 육아를 해도 되고, 부모님의 도움을 받는다면 지금의 일 정도는 계속할 수 있을 거라고 했더니 그녀도 그렇게 하자고 말했다.

그러나 이제 와 생각해 보면 그녀 입장에서는 내가 말하는 미래가 그닥 마음에 들지 않았을지도 모르겠다.

처음부터 분위기는 좋지 않았다. 우선 그녀의 아버지와 여동생이 반대했다. 그런 녀석과는 당장 그만둬라, 직업이 없는 녀석은 남자도 아니다. 나에게 대놓고 말하지는 않았지만 그녀는 가족들의 반응을 넌지시 전하며 몇 번이나 투덜거렸다.

그다음은 그녀의 동료들이다.

어느 날 그녀가 동료들과 한잔하고 있다면서 나오라고 했다. 가 보니 사람 좋아 보이는 남녀 다섯 명 정도가 함께 있었다. 가볍게 인사를 나눈 후 맥주를 마시는데 한 사람이 불쑥 말을 걸어왔다.

"서른이 넘은 나이에 꿈을 좇는 일 같은 건 그만두세요. 현실을 직시해야지요. 지금까지 대학교수가 되지 못했다면 이제 그만 접어야 하는 것 아닌가요? 지금이라도 빨리 다른 살길을 찾아야지요."

분명 그녀가 그렇게 말해 달라고 부탁했을 것이다. 나는 그만 집에 가고 싶어져서 그녀를 찾았다. 그녀는 취해서 토

하고 있었다. 무척 긴장했던 모양이었다. 나는 그녀를 챙기면서 이 나이에 대학교수가 된 사람은 없으며 대학교수가 되는 것이 내 목표도 아니라고 말했다. 그럼 당신이 하고 싶은 일은 무엇이냐고 묻기에 나는 책을 읽고 글을 쓰고 싶다고 말했다. 그러다 곧 이런 말이 다 무슨 소용일까 싶어져 실없이 웃을 수밖에 없었다.

내 친구들은 그녀에게 그녀의 친구들과는 정반대의 이야기를 했다. 사귀기 시작한 지 몇 달 지나, 홋카이도北海道로 여행을 갔을 때의 일이다.

나는 2008년 토야코洞爺湖 회의 가 열렸을 때 항의운동에 관여하고 있어서 반년 정도 삿포로에 살았었다. 그래서 홋카이도에 살고 있는 그 시절의 친구들에게 연락을 했더니 모두 모여 환영회를 열어 주었다.

마침 오도리大通り 공원에서 종군위안부 관련 집회가 있어서 거기에 합류해 함께 어울리게 되었다. 가서 보니 주최 측보다 그들을 에워싸고 야유를 보내는 무리들이 더 많았다.

◆ 2008년 홋카이도 토야코에서 열린 제34회 G8회의.

재특회˙라고 하는 파시스트 집단이었다. 한마디밖에 모르는 바보처럼 오로지 '바퀴벌레', '바퀴벌레'라는 말만 외치고 있었다. 그들 딴에는 재일 조선인들을 모욕하기 위해 그러는 것이었겠지만 나는 좀 우스웠다.

그런데 그녀는 심각한 얼굴로 부들부들 떨고 있었다. 태어나 처음으로 집회에 참가했는데 무서운 파시스트들이 욕설을 퍼붓고 있으니 그럴 만도 했다. 내가 괜찮냐고 묻자 그녀는 이런 일은 두 번 다시 겪고 싶지 않다고 했다.

그 후에 친구들과 함께 한잔하러 갔다. 자기소개를 마치자 곧바로 전 초등학교 교사였던 N이 그녀에게 말했다.

"빨리 이 친구를 부양해 주셔야 해요. 이런 남자는 자기가 좋아하는 것 말고는 할 생각이 없으니까. 이거 해라, 저건 어떠냐 해 봤자 언제나 말로만 한다고 할걸요. 애가 생기든 말든 이 친구는 절대로 일하지 않을 거예요."

아, 곤란한 순간. 그 와중에도 이 친구가 역시 나를 잘 아

◆ '자이니치(在日)의 특권에 반대하는 시민모임(在日特権を許さない市民の会)'의 준말. 일본의 극우 시민단체.

는구나 싶었다. 그녀의 얼굴이 심상치 않았다.

나중에 그녀가 정말로 일하고 싶은 생각이 없는 거냐고 물어서 나는 조금 더 수입을 늘리고 싶은 생각은 있다고 말했다.

그러고 나서 결혼 준비가 시작되었다. 『젝시ゼクシィ』를 사고 식장을 알아보러 다녔다. 재미있었다. 호화로운 음식을 공짜로 시식할 수 있으니까.

그다음은 가족생활 훈련.

코시가야 레이크 타운越谷レイクタウン에 함께 갔다. 건물 면적이 도쿄돔의 여섯 배나 되는 거대한 쇼핑몰이다. 하루 종일 돌아다녔는데 온통 감시 카메라에 번쩍거리는 상품들로 가득 차 있었다. 눈이 빙빙 돌 지경이었다. 나는 간간이 화장실로 피신했다. 괴로웠다. 회사를 다니는 일도 마찬가지일 테지.

그리고 다음 해 3월까지는 박사논문 집필에 매진했다. 논문이 없으면 대학 전임에 원서를 낼 수도 없으니까. 이른바 결혼활동‥이다.

논문을 제출하고 나서 나는 『젝시』에서 시키는 대로 결혼반지를 사러 갔다. 결혼반지는 연 수입의 1/3 정도는 되는 것이 보통이라고 해서 내 연 수입이 10만 엔이니까 3만 엔

정도 되는 반지를 사기로 했다. 그녀와 함께 신주쿠^{新宿}의 마루이^{丸井}백화점에 갔다. 마음에 드는 반지를 고르게 했다. 답례로 뭔가 사 주겠다고 해서 나는 시계를 골랐다.

돌아오는 길에 카페에서 차를 마시다가 우연히 친구를 만났다. 미국에서 관광차 와 있었던 S와 『현대사상』전 편집장인 I였다. 나는 그녀에게 내게 많은 도움을 준 친구들이라고 소개했다. 그러자 S가 이렇게 자기소개를 했다.

"코펜하겐에서 같이 감옥에 있었던 S예요."

앗, 또 곤란한 순간. 그녀의 얼굴이 파르르 떨렸다.

나와 S는 2009년에 COP15^{***}가 코펜하겐에서 열렸던 당시 항의 운동에 참여했다가 예비 구속된 적이 있다.

내가 몹시 슬픈 표정을 짓자 뭔가를 눈치챈 S가 얼른 덧붙였다.

◆ 결혼 정보잡지.

◆◆ 결혼을 위해 상대를 찾고 데이트를 하고 결혼생활을 하기 위한 이런저런 준비를 하는 과정을 통틀어 결혼활동, 줄여서 콘카츠(婚活. こんかつ)라 한다. 일본 젊은이들의 생활상을 표현하는 일종의 유행어라 할 수 있다. 함께 자주 쓰이는 유행어로 취직활동(就活. しゅうかつ)이 있다.

◆◆◆ 코펜하겐에서 열린 제15차 기후변화협약 당사국 총회(Copenhagen climate change conference).

"괜찮아요. 부당한 구속이었기 때문에 전과로 기록되지도 않았고, 오히려 경찰이 배상금을 지불했다니까요."

상황은 더 나빠졌다. 이왕 이렇게 된 것, 어쩌겠는가. 나는 그녀에게 "배상금을 여비로 썼지요"라고 말하고는 실없이 웃어 보였다.

다음 주, 카스카베春日部의 프랑스 식당에서 식사를 하고 그녀의 차로 인근의 '새로운 마을'로 향했다. 프로포즈를 하기 위해서였다.

'새로운 마을'은 '농업'을 테마로 한 놀이공원인데 밤에는 데이트 장소로 꽤 유명한 곳이었다.

차 안에서 반지 케이스를 열어 보이며 잔뜩 긴장한 채로 "결혼해 주세요"라고 말했다. 고맙게도 그녀는 바로 승낙해 주었다. 그러나 기쁨도 잠시, 그녀는 이렇게 덧붙였다.

"두 번 다시 데모나 집회에 가지 않는다고 말해 줘요."

내 딴에는 삿포로와 코펜하겐의 일 때문에 내가 어떻게 될까 무섭고 걱정이 된 것이라고 생각했다. 걱정해 주어서 고맙다고 대답했다. 그런데 지금 와서 생각해 보면 그건 동문서답이었을지도 모르겠다.

그 후에 나는 수입을 조금 올려 보고자 대학 강사 모집에

열 번 정도 원서를 냈다. 그러나 한 곳도 통과하지 못했다. 그녀는 매일 전화를 해서 오늘은 어떤 취직활동을 했는지 꼬치꼬치 캐물었다. 전화를 끊고 나면 매번 녹초가 되었다.

연말이 되어 마침내 기다리고 기다리던 박사논문 심사 결과가 나왔다. 결과는 수정 후 재심사. 절망, 어째야 할까.

망연자실한 와중에도 그녀에게 전화를 해서 지금부터 열심히 박사논문을 고쳐 쓰겠다고 말했다.

그녀는 폭발했다.

"더는 못 참겠어. 가정을 가지고 아이를 낳는다는 것이 어떤 의미인지 알고 있기나 한 거야? 사회인으로, 성인으로 착실히 역할을 해 낸다는 것, 정규직 일자리를 얻고 매일 괴로운 일이 있어도 꾹 참고 그것을 끝까지 해 내는 것이 어른이야. 하고 싶은 일 같은 것만 해서는 안 돼. 일자리는 얼마든지 있잖아. 그런데도 하고 싶은 일만 하겠다니 다 큰 어른이 할 소리야, 그게? 그건 애들이나 하는 응석이라고."

나는 그 말을 받아서 하고 싶은 일을 하지 않는다면 무슨 재미로 인생을 살아가느냐고 물었다.

그녀는 곧바로 대답했다.

"당연히 쇼핑이지. 당신은 연구가 재미있다든가, 산책 삼아 데모에 갔다 온다든가, 돈을 쓰지 않아도 재미있는 일은 얼마든지 있다고 말하지만 내게는 가난뱅이들의 변명으로 들리고 기분까지 나빠져. 어른들은 모두 괴로운 일이 있어도 참고 돈을 벌고, 그것을 쓰는 것으로 보람을 느끼는 거야. 가난뱅이는 싫어. 정말 싫다구."

아무래도 내가 쇼핑을 가서 아무것도 사지 않은 것이 부끄러웠던 모양이다.

뭐라도 살걸 그랬다.

나는 그녀에게 미안했다.

조금 더 노력해 보기로 했다. 내가 생각한 것은 아르바이트를 구하는 것이었다. 여러 학원에 이력서를 냈고 마침내 한군데서 연락이 와 채용되었다. 9월부터 주2회 일하기로 했다. 이걸로 연 수입이 50만 엔이 되었다.

그리고 박사논문을 출판해 주기로 했던 출판사 사장님께 연락을 했다. 직접 만나서 박사논문을 지금 출판할 수 없게 되었다고 알리고 사과 말씀을 드렸다.

그랬더니 사장님은 별도로 다른 책을 써 보지 않겠냐고 권유하셨다. 내가 전공한 오스기 사카에大杉栄의 평전을 써 보라는 것이었다. 고마운 일이었다.

9월까지 오스기 사카에의 평전을 쓰고 그 후에는 아르바이트를 하면서 박사논문을 고쳐 쓰면 될 것 같았다. 나는 일이 잘 풀리는 것에 고무되어 그녀에게 전화했다. 그녀가 기뻐해 주기를 바랐다.

그러나 그녀는 또 폭발했다.

"아직도 그런 소릴 하고 있는 거야? 아르바이트는 직업이 아니잖아. 가르치는 일을 하고 싶으면 교원채용시험을 봐서 고등학교 교사라도 하라구."

내가 그럼 연구를 계속할 수 없다고 말하자 "그러니까 연구 같은 거 그만두라고 했잖아. 나를 사랑한다면, 가정을 소중히 여기겠다는 생각이 있다면 그 정도는 할 수 있잖아"라는 말이 되돌아왔다.

그건 안 된다고 했더니 그녀는 다시 무서운 목소리로 퍼부었다.

"나약해 빠진 소리 좀 하지 마. 애초에 너의 응석을 다 받아주면서 키운 부모님들이 나빠. 넌 인간으로서 이미 끝났어. 죽어 버리는 게 나아."

그 이후 나는 그녀와 진지하게 이야기하는 것을 그만두었다.

골든 위크*가 시작되었을 무렵, 그녀로부터 연락이 와서 함께 '새로운 마을'에 다시 갔다.

결혼반지를 돌려받았다.

나는 선물로 받은 시계가 마음에 들었으므로 그녀에게 내가 가져도 되겠느냐고 물었다. 그녀가 괜찮다고 해 주어서 고맙다고 말했다.

"네가 원하는 결혼, 꼭 할 수 있기를 바라."

헤어질 때 나는 엄청 큰 소리로 이렇게 말했다.

내 딴에는 최선을 다해 비꼬아 준 것이었다.

내 또래 중에는 나 같은 경험을 한 사람들이 꽤 많을 것이다.

그저 상대를 소중하게 여겼고 그래서 사귀기 시작했는데, 결혼이라는 것을 의식한 순간부터 자기 생각만 하게 되어 버린다. 알지 못하는 사이에 소위 커플 역할을 연기하고 그것을 잘 해내는 것이 상대를 위하는 것이라는 생각에 빠진다. 그것이 서로 자기가 희생했다고 생각하게도 만든다. 자

◆ 4월 말부터 5월 초까지 이어지는 연휴 기간.

신이 이만큼을 했으니까 상대방도 그 정도는 해야 한다고 생각하기가 쉽다. 서로가 빚에 빚을 쌓아서 그에 대한 보상을 바라게 된다.

살아 있는 것 자체가 부채이다.

생의 부채화.

그리고 그 부채를 쌓아 나가다 보면 어느 틈엔가 순수하게 좋아했던 감정이 손실계산으로 바뀌어 버린다. 자신은 팽개처 두고 상대를 위해 순수한 마음으로 무언가를 하고 싶어 했던 것을 자기 이익으로 환산하게 되어 버리는 것이다.

게다가 그 자기 이익이 애정이라는 이름으로 긍정되어 버리니 더 좋지 않다. 자기 자신밖에 생각하지 않으면서 마치 아름다운 이타적 정신의 소유자인 척하는 것이다.

나는 내 연애가 파국으로 가고 있다는 것을 느끼는 내내 이토 노에伊藤野枝의 글을 읽고 있었다.

마침 오스기 사카에 평전을 쓰고 있기도 했지만 꼭 그 때문만은 아니었다.

나는 이토만큼 결혼 문제와 맞부딪쳐 안간힘을 쓰고 나가떨어지면서도 결국은 자유분방하게 살아남아 자신의 사상을 만들어 낸 사람은 없다고 생각해 왔다.

여기서 잠깐, 이토의 사상을 빌려서 결혼에 대해 생각해 보고 싶다.

이토는 1895년, 후쿠오카현福岡県 이마주쿠今宿에서 태어났다. 1910년 상경하여 우에노上野여자고등학교에 진학했다. 2년 후 졸업하여 집안끼리 정한 상대와 결혼했지만 도무지 상대가 좋아지지 않아 여학교의 은사였던 츠지 준辻潤에게 도망쳤고 그와 다시 결혼했다. 그런데 츠지 준은 이 결혼이 문제가 되어 학교를 그만두어야 했다. 이후 츠지는 전혀 일하지 않았다.

이토는 츠지와의 사이에 두 명의 아이를 낳았고 『세이토우青鞜』지에 기고하는 것으로 가계를 꾸려 나갔다. 이토는 일약 유명인이 되었으나 츠지의 여자 문제 때문에 부부 사이는 나날이 식어 갔다.

1916년 이토는 오스기 사카에와 사귀게 되었지만 그에게는 이미 아내에 애인까지 있었다. 그해에 오스기가 애인의 칼에 찔려 중상을 입는 사건으로 이 스캔들이 알려졌다. 그 후 이토는 오스기와 함께 살았고 집필활동을 하면서 다섯 명의 아이를 낳았다. 1923년 9월 간토 대지진의 혼란 와중에 이토는 오스기와 함께 헌병대에 의해 살해당했다.

이토는 자신의 연애경험을 모순연애라고 불렀다. 연애 그 자체가 모순을 품고 있다는 것이다. 처음에 이토는 강제된 결혼을 싫어했다. 좋아하지도 않는 사람에게 시집가서 남편과 그 가족을 위해 자신을 희생해야만 하는 것이 싫었던 것이다. 세상은 그것이 여자의 행복인 양 말하지만 그것은 가부장제 사회가 만들어 놓은 관습일 뿐이다. 그래서 이토는 여학교 시절 동경했던 츠지의 곁으로 가서 소위 자유결혼을 했지. 그러나 그때부터 진짜 지옥이 시작되었다.

좋은 아내로 남편을 내조하고 시어머니와 시누이에게 신경을 쓰고 일하지 않는 남편을 대신하여 돈벌이용 원고를 써야 했지만 책을 읽을 시간조차 없었다. 그럴 여유가 있으면 아이와 남편을 돌보라는 시어머니의 호통을 들어야 했기 때문이다.

남편을 위해서 아내가 희생하는 것은 당연하다. 자신이 선택한 상대를 위한 일이므로 희생이라 말할 수도 없다. 아

◆ 이토 노에(伊藤野枝),「모순연애론(矛盾恋愛論)」(『定本 伊藤野枝全集 第二卷』 學藝書林, 2000)을 참고.

무리 힘들어도 그렇게 해야 한다는 생각을 자연스럽게 하게 되고 주위에서도 그것이 당연하다고 말한다.

남녀가 사랑하는 일, 연애에는 과거의 낡은 결혼관습을 깨부수는 힘이 있지만 결혼한 이후 이 관습은 더욱 질 나쁜 방향으로 변질된다. 츠지와의 결혼생활도 그랬다.

그것을 참을 수 없어 이토는 오스기의 곁으로 달려갔지만 역시 함께 생활하기 시작하자 좋은 아내를 연기하게 되고 말았다. 오스기가 바란 것도 아니었는데 말이다.

도대체 무엇이 문제였을까.

이토는 사랑하는 사람들이 서로에게 동화되려 하는 것, 가정이라는 테두리 안에 맞춰지는 것, 즉 결혼이라는 제도 그 자체가 문제라고 생각했다.

사랑에 빠져 열중하고 있을 때는 서로 가능하면 상대의 월권을 허락하며 기뻐합니다. 그러나 차츰 그것을 허용할 수 없게 되고 결국 결혼생활은 암울해져 갑니다. 만약 그렇게까지 어두워지지 않는다면 대개의 경우 그 와중에 어느 한쪽이 자기 자신을 잃어버리게 되는 거지요. 그리고 그 과정에서 나쁜 배역을 맡는 쪽은 여자입니다. 자신의 생활을 잃는 것을 '동화'되었다고 하면서 서로 기뻐하기까지 합니다. 그리고 그것을 좋은 반려라고 합니다만 말도 안 되는 소리입니다.[*]

이토에 의하면 결혼의 기원은 노예제[**]였다.

원래 일부다처제에서 여성은 노예 취급을 받았다. 돈과 가축, 식량과 교환 가능한 상품이었다. 게다가 이 상품은 전쟁포로처럼 호시탐탐 방심한 틈을 노리지도 않고, 시중을 드는 일부터 농사일까지 할 수 있다. 남성의 입장에서 이만큼 유용한 재산이 없다. 그래서 남성이 아내를 많이 거느리는 것은 유복함을 증명하는 것이기도 했고 사회적 지위를 인정받는 방법이기도 했다.

근대에 이르러 일부일처제가 되면서 노골적으로 여성을 물건 취급하지는 못하게 되었지만 그 본질은 전혀 변하지 않았다. 남성은 자신의 재산을 지키고자 여성에게 정조를 요구

◆ 이토 노에, 「'어떤' 아내가 남편에게-얽매인 부부관계로부터의 해방('或る'妻から良人へ―囚はれた夫婦関係よりの解放)」,「『定本 伊藤野枝全集 第三卷』 學藝書林, 2000), 256쪽.
◆◆ 이토 노에, 「정조관념의 변천과 경제적 가치(貞操観念の変遷と経済的価値)」,「『定本 伊藤野枝全集 第三卷』 學藝書林, 2000)를 참고.

하는 관습을 만들고 그것을 강제하기 위해 간통죄라는 법을 만들기도 했다. 물론 남성은 가장으로서 처와 자식을 건사해야만 했고 그것을 할 수 없으면 버림받아도 할 말이 없었다. 그런 의미에서 남녀 모두 대체 가능한 물건이 되고 있다. 그래도 양자의 격차는 분명하다. 여성은 일하러 나갈 수 있게 되었지만 공장노동은 남성보다 뒤떨어지고 사무노동은 가사노동과 다를 바 없다는 이유로 임금이 낮았다. 살아갈 수가 없다. 그렇다면 노동이라는 지옥보다 조금 나은 지옥인 가정을 택하는 것이 나을지도 모른다. 서로 사랑하는 사람들은 함께 가정을 만들고자 하지만 그것은 남편과 아내라는, 스스로를 교환 가능한 역할로 환원시키는 일일 뿐이다. 게다가 여성의 경우 남성보다 더 심한 노예 역할이 주어진다.

이토는 이러한 모순연애를 넘어서는 관점을 자녀양육으로부터 찾을 수 있었다고 서술하고 있다. 물론 자녀양육에는 가사노동이라는 측면이 있고 자신의 생활을 희생해야 한다는 느낌도 있다. 그러나 이토는 그것과는 다른 관점에서 보고 생각했다.

아이가 자라는 모습을 계속 보고 있으면 두려워지고 만다.

그들의 작은 머리는 무엇이든 알고자 하는 관심과 열정으로 가득 차 있다. 특이한 것을 감지하면 어른들은 신경 쓰지 않는 나뭇잎 하나에도 열중한다. 그리고 모든 것을 알게 될 때까지, 그것을 자신의 것으로 만들 때까지 몇 번이고 끈기 있게 같은 것을 반복해서 해 보곤 한다.

어른은 아이를 자신의 소유물이라고 생각한다. 가정의 일부로 간주하고 자신이 생각하는 대로 키우려고 한다. 그러나 실제로 아이의 성장은 그런 식으로 이루어지지 않는다. 옆에서 보면 뭐가 그렇게 중요한지 도무지 알 수 없는 일에 집중하여 시간이 지나는 것도 모르고 몇 번이나 같은 짓을 반복한다. 주변을 전혀 신경 쓰지 않고 그저 자신의 힘을 키우는 데에만 욕심을 부린다. 나는 이런 것도 할 수 있다고 느끼는 것이 즐거워서 견딜 수가 없다. 앞으로 어떤 사람이 될까, 그런 것은 알 수 없다. 그러나 알 수 없기 때문에, 어떤 것에도

◆ 이토 노에(伊藤野枝), 「문득 떠오른 생각 몇 가지(偶感二三)」,『定本 伊藤野枝全集 第二巻』學藝書林, 2000), 242쪽.

얽매이지 않고 자유분방하게 터무니없는 힘을 발휘한다. 언제나 예측 불가능한 존재로 성장해 가는 것이다.

이토는 이러한 아이의 성장 속에 참 생명의 움직임이 있다고 생각했다. 그것은 경외할 수밖에 없는 것, 스스로 느껴 보고 싶은 것, 함께 나누어 갖고 싶은 기쁨, 아이가 되어 아이를 생각하는 것, 그것이 아이를 키운다는 것이 아닐까, 이토는 그렇게 생각한 것이다.

연애 역시 마찬가지 아닐까.

어떤 연애이든 거기에 결혼이 상정되는 순간 서로 살아가는 방식을 남편과 아내라는 역할로 한정할 수밖에 없게 된다. 그러니 우리는 사랑을 하면 할수록 자신만의 생을 소모해 버리는 결과를 맞게 된다. 그렇지만 연애는 본래 그런 것이 아니다. 제도나 관습에 개의치 않고 오로지 상대만을 생각하는 힘을 갖고 있다. 그 이외의 것은 신경 쓰지 않는다. 자신의 사회적 지위 같은 것은 완전히 버리고 상대를 위해 뭐든지 하고 싶다는 생각만 한다. 아마도 그것은 아이처럼 되는 것이 아닐까. 보답이나 보상 같은 것은 필요치 않은 무상한 마음. 그러나 방심하고 있으면 이 마음은 자신의 파트너를 위해서, 혹은 자신의 아이를 위해서라는 명분으로 소유물에 대한 집착으로 바뀌어 버린다.

이렇게 되지 않으려면 어떻게 해야 할까.

이토의 대답은 단순하다. 우정이다. 연애의 핵심이 보상을 바라지 않는 마음이라면, 연애 상대에 대한 그 마음을 다른 사람들에 대해서도 가질 수 있다면, 우리는 모두 행복해질 수 있지 않을까. 물론 말하기는 쉽지만 행하기는 어렵다. 파트너가 남편과 아내의 역할을 방기하고 자신이 하고 싶은 일에만 골몰한다면 어떤 생각이 들까. 혹은 저축도 하지 않으면서 남을 위한 봉사만 하고 있다면 어떤 생각이 들까. 아이의 성장을 지켜보는 것처럼 상대의 인생이 성장해 나가는 것을 함께 기뻐할 수 있을까.

이토는 그것을 우정이 뒷받침된 사랑이며 자신과 타인의 생명을 존중하는 것이라고 쓰고 있다.

내가 이 세월 동안 배운 것은 "사랑은 달리는 불꽃, 그러나 적어도 이것이 지속되지 않는다는 점은 분명하다"는 것입니다. 그러나 그 사랑에 우정의 열매를 이어 놓으면 사랑은 매일 되살아납니다. 열매를 맺지 않는 연애는 허공에 핀 꽃입니다. 열매를 맺을 수 있다면 그 사랑은 불멸의 꽃입니다. 영원한

생명을 갖고 있습니다. 그 불멸의 사랑을 얻는 것을 나는 일
생에 이루어야 할 목표 중 하나로 꼽아도 좋다고 생각합니다.

애초에 인간은 돼지였다. 어느 아나키스트에 의하면 '집家'
은 '돼지豚'를 둘러싼 '집宀'으로 읽어야 한다고 한다. 가정
이란 돼지우리 같은 것이며, 인간은 결혼을 하면 스스로를
돼지우리에 가두고 자신도 모르는 사이에 교환 가능한 가축
이 되어 버린다고 했다. 쓸모 있는 돼지가 될지 쓸모없는 돼
지가 될지에 골몰하는.

나는 도쿠시마德島를 여행하면서 잠시 후쿠시마 지진 이
후의 일을 떠올렸다.

원자력 발전소 폭발로 충격을 받아 집에서 아무 일도 못
하고 뒹굴거리고 있을 때, 아이치현愛知県의 친구로부터 연락
이 왔다. 돈 걱정 같은 건 하지 말고 맨몸으로 빨리 오라고,
가족이나 친구가 걱정이라면 모두 와도 괜찮다고. 가 보니

◆ 이토 노에, 「우리를 연결시키는 것(私共を結びつけるもの)」,『定本 伊藤野枝全集 第三巻』 學藝書林,
2000), 258쪽.
◆◆ 타카무레 이츠에(高群逸枝), 「가정부정론(家庭不定論)」,『高群逸枝語録』 岩波書店, 2001)을 참고.

피난민이 너무 많아서 하룻밤 자고는 다른 친구의 집에 신세를 지게 되었는데 거기서도 역시 친절하기 그지없었다. 내가 비쩍 말라 곧 죽을 것 같은 얼굴을 하고 있어선지, 친구의 아버지는 더 먹어야 한다며 매일 삶은 달걀을 스무 개씩 내왔다. 그렇게 많은 달걀을 먹어 본 것은 태어나 처음이었다. 술도 얼마든지 먹어도 된다는 말과 함께 소주 한 병을 주셨다. 다이고로大吾郎◆였다. 만취할 수밖에.

나는 오스기 사카에를 연구하면서도 상호부조라는 개념을 전혀 실감하지 못하고 있었는데 그때서야 비로소 알 것 같았다.

보상을 바라지 않고 상대를 위하는 마음.

도움이 된다든가, 되지 않는다든가 그런 것이 아니다.

우리를 벗어난 돼지들의 모임, 상호부조란 그런 것이 아닐까.

잘 생각해 보면, 내가 그녀를 좋아하게 된 것은 거북 모양 멜론빵을 받았기 때문이었다. 주변에서 뭐라고 하든 나를 위

◆ 페트병으로 판매하는 대용량 소주의 상표.

해서 빵을 구워 준 그 마음만으로 나는 기뻤다. 그 무상한 행동에서 사랑스러움을 느끼기까지 했던 것이다.

세속적으로는 내가 아이치현으로 피신한 것이나 그녀가 쓸데없이 빵을 구운 것이 그저 패닉의 한 현상으로 보였을지도 모르지만 나는 거기서 다른 마음을 보았다.

동일본은 방사능 범벅이 되어 이미 부흥 같은 것이 가능하지 않은데도, "힘내라, 일본" 같은 구호를 남발하며 그 기반은 가족의 유대라고들 떠들고 있다. 부흥을 위한 힘이 되라고, 그러기 위해서 방사능에 동요하지 말고 설령 병이 든다고 해도 일본을 위해 기쁘게 받아들여야만 한다고, 그것을 가능하게 하는 것이 가족이라고, 이상할 정도로 가족의 중요성이 선전되고 있다.

이렇게 말하는 나도 그 와중에 가족담론에 놀아난 사람 중 하나이다. 그녀를 좋아하니까, 결혼을 위해서라고 나를 설득해 가면서 아르바이트 자리를 찾고 쇼핑몰에 갔으니까.

모순연애.

마치 내가 가족의 구성원으로 제 역할을 다하고 있다는 듯 어필하고 있었던 것이다. 결국 그것조차도 인정받지 못했지만.

그러나 부흥을 소리 높여 외치고 있는 한편 가이거 계측기*를 손에 들고 각지에서 방사능 오염을 계측하는 활동도 퍼져 나가고 있다. 이 활동에는 자신의 몸을 지킨다는 의미뿐만 아니라 확실히 자기 파멸적 요소도 포함되어 있다. 위험하다고 떠들어대면 주변 사람들에게 백안시당할 것이 뻔하고 오염을 제거하는 것이 거의 불가능한 이상 완전한 해결책은 이주밖에 없지 않은가. 계측을 시작하면 실제로 어떻게 행동하는가와 상관없이 세간에서 바라마지 않는, 혹은 자신들이 상상하고 있던 가정생활을 버릴 수밖에 없다.

일단 머리를 비우고 새로운 생을 움켜잡는다. 주변에서 뭐라 말하든 자신의 곁에 있는 사람들을 지켜내려고 한다.

대체할 수 없는 무상한 마음.

일찍이 이토 노에는 이렇게 말했다.

잊지 말아 주세요. 남들의 칭찬은 아무것도 아닙니다. 자신의 피를 짜고 살을 베어내어야 사람들은 기뻐합니다. 칭찬

◆ 방사능 지수 계측기.

합니다. 칭찬받는 것이 생의 보람이 아니라는 것을 잊지 말아 주세요. 누구에게든 집착해서는 안 됩니다. 오직 자신에 대해서만 모든 집착을 모아 매달리기 바랍니다. 내가 말할 것은 그것뿐입니다. 나는 이제 아무것도 생각하지 않습니다.

만족하지 못하는 인간으로 있는 것보다 자기 생에 만족하는 배부른 돼지가 되는 편이 오히려 더 좋다.
돼지우리에 불을 지르자.
집을 불태운 돼지는 자유로워진다.
나는 연애를 끝내고 더 자유로운 사랑을 알게 되었다.
실패했지만 실패했기 때문에 더 사랑을 하고 싶다.

◆ 이토 노에, 「유서의 일부(遺書の一部より)」,『定本 伊藤野枝全集 第一卷』學藝書林, 2000), 122쪽.

고구마
철학

작년 9월부터 정신없이 일하고 있다. 솔직히 이렇게 열심히 일한 것은 태어나서 처음이다.

하고 있는 일은 학원 강사. 소위 말하는 취직예비학교의 선생이다.

지금까지 정규직으로 일한 적이 없으므로 나 같은 사람이 취직에 대해서 무엇을 말할 수 있겠는가마는 어쨌거나 착실히 일하고 있다. 수업 자체는 재미있다. 정해진 내용을 가르치고 학생들과 수다를 떤다. 그러나 통근시간이 너무 긴 탓일까, 사이타마埼玉의 집에서 니시치바西千葉에 있는 학원까지 편도 세 시간가량 전차를 타고, 밤 열두 시경 집에 돌아오면 몸도 마음도 기진맥진이다.

특히 처음 2개월은 힘들었다. 이왕 취직예비학교에서 일하게 되었으니 사회인의 논리를 철저히 따라 보자고 생각했다. 분명 사회인이라는 건 자기가 번 돈으로 생활을 꾸려 가는 것일 테지. 일하지 않는 자 먹지도 말라. 그렇게 마음먹었지만 생각한 것처럼 잘 되지 않았다.

시작부터 계획은 좌절되었다. 차비가 없었던 것이다. 니시치바까지 왕복 3천 엔. 그런데 학원 월급은 2개월째부터 나왔다. 답이 없다. 결국 나는 부모님에게 돈을 받아서 학원에 다니기로 했다. 그러나 그 이외의 일로 돈을 써서는 안 되었다. 나는 어엿한 사회인이니까. 그렇게 나에게 다짐하며 저녁도 먹지 않고 집으로 오곤 했는데 3주째쯤 되었을까, 귀갓길 도중 몸이 후들후들 떨리더니 전혀 움직일 수가 없었다. 몸에 힘이 들어가지 않았다. 벤치에서 쉬었다가 천천히 집으로 돌아왔다.

목욕탕에서 체중을 재어 보니 48킬로그램. 3주 동안 5킬로그램이 빠졌다.

위험하다.

이러다 죽는 건 아닐까.

그리고 그다음 날. 이웃에 사는 할머니가 밭에서 캔 거라고 하시며 고구마를 잔뜩 갖고 오셨다. 나는 이 동네 고구마는 세슘투성이이니 먹지 않는 게 좋겠다고 부모님께 말했다. 그러나 매일 찐 고구마를 볼이 미어지게 드시는 부모님 모습을 보면서 나도 먹고 싶어 견딜 수가 없었다. 아르바이트를 하는 날 결국 무언가에 씌인 듯 찐 고구마를 몰래 가방에 넣고 서둘러 학원으로 갔다. 그리고 수업 전에 허겁지겁 고구마를 먹었다.

아아, 맛있었다. 너무 맛있었다.

몸속으로 에너지가 스며들어오는 느낌이었다. 지금까지와는 다른 사람이 된 것같이 몸이 움직였다.

아아! 이것이 먹는다는 것인가. 이런 걸 쾌감이라 하는 걸까. 그 이후 나는 참는 것을 그만두었다. 어차피 부모님에게 신세를 지고 있으니 고구마든 뭐든 먹을 것은 가지고 나오면 된다. 일하지 않는 자 먹지도 말라든가, 그런 말을 하는 놈들은 먹는 기쁨을 모르는 놈들이다.

일하지 않고도 배불리 먹고 싶다.

그리고 나는 '어엿한 사회인 되기'를 그만두어 버렸다.

그런 일이 있고 나서 최근에는, '난폭 쇼군'을 재평가해야 하지 않을까 하고 생각하기 시작했다. '난폭 쇼군'이란 8대 쇼군 도쿠가와 요시무네德川吉宗[*]를 말한다.

어린 시절, 요시무네는 나의 동경의 대상이었다. 마츠다이라 켄松平建^{**}이 연기한 요시무네가 무척 멋있었기 때문이었는데, 하여간 매주 방송시간이 되면 가슴이 뛰었던 것을 기억하고 있다. 그런데 중학생 때 나는 요시무네에게 환멸을 느끼게 되었다. 교과서를 펼쳐 보면 '검소', '절약', '구두쇠' 같은 말만 씌어 있었다. 시행했다고 하는 정책을 보아도 '투서함'^{***} 같은 유치한 것뿐이었다. 왜 명군이라 불리는지 알 수 없었다.

뭔가 있을 것 같아서 교과서를 더 살펴보았다. '쿄호 대기근享保の大飢饉'^{****}에 필사적으로 맞서서 해결책을 구했다고 적혀 있다.

오, 대단한 걸.

무엇을 했는지 살펴보았다. 단 한 줄뿐이었다.

"고구마를 심었습니다."

헐, 이건 아니잖아? 황당했달까. 그 후로 오랫동안 그렇게 생각하고 있었다. 그러다가 요즈음 진심으로 고구마에 감사하게 되면서 '요시무네, 의외로 제법 괜찮은 일을 했는걸' 하고 생각하게 되었다.

에도 시대, 관리武士들은 쌀을 수탈의 대상으로 삼았다. 많은 농민들이 한곳에 모여 벼농사를 지었다. 그리고 아무리 수확이 좋아도 5,60퍼센트는 소작료로 바쳐야 했다. 왜 쌀이었을까. 물론 관리들이 쌀밥을 좋아해서이기도 했겠지만 이유가 그것뿐만은 아니었다. 쌀이 관리하기가 쉬웠기 때문이다.

경관 좋은 너른 들판에 자라는 황금빛 벼. 아무리 농사에 어두운 관리라 하더라도 얼마나 수확할 수 있는지 단번에 알 수 있다. 수확량을 속일 수가 없다.

거기다 논농사는 관개사업이 필요하기 때문에 관리들은

◆ 도쿠가와 막부 8대 쇼군. 재정을 안정시키고 정치의 기강을 잡아 막부의 중흥을 이끈 명군으로 평가받고 있다.

◆◆ 일본 배우. 1978년 처음 방영된 <난폭 쇼군(暴れん坊将軍)>에서 요시무네 역을 맡았다. 이 드라마는 2008년까지 832회에 걸쳐 방영된 장수 드라마로 마츠다이라 켄의 대표작이기도 하다.

◆◆◆ 目安箱(めやすばこ). 백성들이 정부에 건의하는 의견이나 고발장 같은 것을 넣는 상자. 요시무네는 이를 막부의 재판기관 앞에 설치했으며 쇼군의 눈앞에서 개봉하게 하여 직접 확인하였다.

◆◆◆◆ 1731년부터 몇 년간 계속된 기근. 에도 시대 4대 기근 중 하나로 불린다. 쿄호(享保)는 요시무네 재임기간의 연호에서 비롯된 것이다.

가끔씩 그것을 지휘하는 것만으로 자신들이 농민을 지키고 있다고 큰소리를 칠 수 있다.

사실은 소작료를 탐내는 것뿐인 주제에 말이다. 그런데 이 수탈에는 치명적인 결점이 있었다.

벼는 병충해가 생기기 쉽고 가까이에 모여 있어 몽땅 해를 입게 되었다. 이에 비해서 고구마는 언제 어디서 누구라도 경작할 수 있다. 황폐한 땅에서도 거둘 수 있다. 씨만 심어 놓으면 내버려 두어도 잘 자란다. 거기다 땅속에 묻혀 있으니 그대로 묻어 두면 관리들에게 수탈당할 염려도 없다. 전염병에 걸릴 걱정도 없다. 엄청나게 맛있기까지 하니 그야말로 무적이다.

그러나 관리들 입장에서 보면 그건 참을 수 없는 일이다. 모두 고구마를 먹기 시작하면 어떤 것도 빼앗아 올 수 없게 된다. 그러므로 고구마를 심는 농민은 불온하다. 관리들이 보기에 그들은 언제라도 밭을 버리고 도망갈 수 있는 자들이었다.

그러므로 관리라면 보통은 고구마 심는 것을 단속하면 했지 장려하지는 않았을 것이다. 그러나 요시무네는 달랐다.

아마도 기근 때 각지의 농민들이 자발적으로 고구마를 심기 시작했을 것이다. 거기에 영향을 받았기 때문일까, 아니면 단지 인도적 배려였을까. 요시무네는 고구마를 연구하도록 지시하기까지 했다.

어쩌면 이것은 막부 쪽에서 보면 자살행위였을지도 모른다. 힘없는 인간에게 일을 시켜서 그 수확을 뽑아내는 것이 국가의 일이라 한다면, 고구마는 그것에 거스르는 무기 같은 것이기도 했으므로. 그러나 그래도 요시무네는 그렇게 했다.

국가 같은 것보다 사람의 안전이 훨씬 더 중요하다는 것. 명군이다.

고구마는 내 생명을 구했고, 나는 그 은혜를 정말 잘 알고 있다.

일을 하는 것은 힘들다. 어쩌면 내 몸을 에도의 쌀처럼 수탈당하는 것일지도 모른다. 너무 힘들어서 과로사하는 사람도 있고, 마음에 상처입어 자살하는 사람도 있다. 일을 구하지 못해 굶어 죽는 사람도 있으리라.

벼농사는 위험하다.

나는 솔직히 이렇게 생각하고 있다.

일하지 않고 배불리 먹고 싶다.

일하고 싶지 않다고 해서 가난해도 좋다든가 금욕적으로

생활해도 괜찮다는 것은 아니다. 나는 그저 안전하게, 그리고 맛있는 것을 먹으면서 살아가고 싶을 뿐이다.

황금물결을 이룬 벼보다 땅에 묻힌 시커먼 고구마이고 싶다.

"암흑보다 더 어두운 이 길을 벗어날 수 없네. 멀리 비추소서, 산마루에 걸린 달이여."✦

✦ 이즈미 시키부(和泉式部)의 시. "나는 번뇌로 가득 차 있어 시커멓게 물들어 버렸습니다. 앞으로 더 검게 물들어 가겠지요. 그래도 빛을 비추어 주시겠습니까. 부처님이시여"라는 뜻이다.

슬럼 도쿄에서
살아남기

극락에 가고 싶다. 최근 이런 생각을 하고 있다. 정확히 말하면 극락은 내가 원한다고 가는 곳이 아니라 들어가기를 허락받는 곳이겠지만 어쨌거나 가고 싶다.

동일본 대지진이 발생한 무렵부터였을까. 많은 친구들이 방사능을 피하기 위해 간사이関西 지방으로 이주하고 있다. 그 친구들로부터 도호쿠간토東北関東에 있다가는 곧 죽고 말 거라든가, 서쪽이 좋다든가 하는 소리를 계속 들은 탓일

◆ 오사카, 교토를 중심으로 한 혼슈(本州)의 서쪽 지방.

까. 점점 감각이 마비되어서 나도 모르는 사이에 그렇게 생
각하게 되었다.

서방으로, 서방으로, 어라?

그렇게 말하고 보니 서방은 부처님이 계시는 곳이라고 어
딘가에서 본 것 같은데. 그래서 나는 불교 경전을 훑어보다
가 극락에 반하고 말았다.

실제로 극락이라는 곳은 멋진 곳이다. 극락에 가면 모두
"~부처"라고 불린다고 하니 그렇다면 하루 종일 빈둥거리
며 살아도 되는 곳이다. 목이 마르면 어디에선가 2천 명이
나 되는 천사 중 하나가 날아와 좋아하는 음료수를 가져다
준다. 이런 걸 좋아하는 사람은 남자들뿐이겠지만 어쨌든 무
척 신날 것 같다. 그리고 심심풀이로 다른 부처를 방문하여
실컷 수다를 떨다가 오면 된다. 집으로 돌아와 다시 빈둥빈
둥, 역시 극락이다.

이런 것만 생각하고 있어서일까.

최근 몇 년은 데모나 시위에 나가지 않았다. 가 보고 싶
은 데도 있었지만 대부분 오후 한 시에 시작이 되니 절대로
시간에 맞춰 갈 수가 없다. 일찍 일어날 수가 없기 때문이
다. 늦어도 되겠지 싶어서 기어이 가 본 적도 있지만, 나는

타고난 길치이다.

대체로는 데모대를 찾지 못하고, 끝나고 난 뒤에 친구들을 만나 술을 얻어 마시고 집으로 돌아온다.

그러던 중에 드물게 시간에 맞춰 처음부터 참여한 데모가 있었다. 1년쯤 전 재특회在特会의 혐오발언에 반대하는 집회였다.

실제로 가 보니 정말 너무 심했다. 신오쿠보新大久保를 가로질러 걸으며, '조선인 나와', '죽어', '바퀴벌레', '김치냄새' 같은 말들을 떠들고 싶은 대로 떠들고 있었다.

함께 간 친구들은 격앙되어서 더 큰소리를 내면서 맞서 볼 작정이었지만, 유감스럽게도 모두 나처럼 비실비실하고 허약해서 쓸모가 없었다.

주변을 둘러보다가 인도에 있는 군중들이 데모대를 향해 욕설을 퍼붓고 있다는 것을 알았다. 옳다구나 싶어서 나도 거기로 들어가 가운뎃손가락을 치켜들며 "인종주의자, 죽어라"라고 외쳤다. 그러자 데모대에서 "우리는 인종주의자가 아니야, 파시스트라구"라는 응답이 날아왔다. 일일이 대답하자니 귀찮았다. 나는 그저 "죽어, 죽어"라고 10분쯤 소리치다가 지쳐 뒤로 빠져서 친구들과 담배를 피웠다.

그러다 데모대 뒤쪽에 걸려 있는 플래카드를 보았다.

"부처를 돌려줘!"

무슨 천벌을 받으려고 저런 소리를. 나도 모르게 열이 뻗쳐 소리를 질렀다.

"부처는 내버려 두라고!"

옆에 있던 친구들은 장난인 줄 알고 웃었지만 나는 진심이었다.

부처를 돌려달라고?

저 차별주의자들은 진정 부처를 소유할 수 있다고 생각하는 걸까.

아마도 대마도의 불상을 한국이 가지고 간 건을 두고 하는 말일 텐데 솔직히 부처가 어디를 가든 사람이 뭐라 할 바는 못 된다.

자유다. 부처니까.

이런 당연한 감각조차 없으니까 뭐든지 상품으로 다루고, 독점하려 들고, 교환하고, 우열을 가리는 짓을 해도 상관없다고 생각하는 거겠지.

그런데 애초에 부처란 대체 어떤 것일까.

요즘 내가 읽고 있는 것은 가마쿠라鎌倉 시대의 승려였던

고승 잇펜一遍上人의 책이다.

잇펜 스님은 헤이안 시대 말기에 정토교淨土教를 보급한 구야 스님空也上人을 모셨다. 춤을 추면서 염불을 하는 것, 전국을 유랑하며 떠돌았던 것으로 유명하다. 그 흥미로운 생애 때문에 영화화되기도 했는데 생애뿐만 아니라 그의 사상도 무척 재미있다.

앞에서도 말했다시피 극락에는 부처가 매우 많다. 잇펜 스님을 비롯, 정토교의 승려들이 믿고 있는 부처는 아미타불이다. '아미타'라는 것은 무한 수명과 무한 광명을 의미하는 단어로, 말하자면 헤아릴 수 없는 자비의 빛이라 할 수 있다.

어떤 보상도 구하지 않고 만인을 구원하기 위해 손을 내민다. 어디에나 있는 무상無償 행위가 바로 아미타이다.

정토교의 경전에 의하면 아미타불은 부처가 되기 전에 호우조 보살法藏菩薩이라 불렸다고 한다. 호우조法藏는 이름이고, 보살은 깨달음을 얻으려 하는 수행승을 말한다.

호우조는 머리가 좋았는지 매우 빨리 깨달음을 얻어 다른 부처들로부터 이제 극락에 가도 좋다고, 부처가 되어도 된다는 말을 들었던 것 같다.

그러나 호우조는 완강히 그 말을 듣지 않았다. 아니, 나는 괜찮아라며. 왜 그러냐고 물으면 이렇게 답했다고 한다. 설령 내가 부처가 될 수 있다 하더라도 이 세상의 모든 사람들이 가르침을 받지 못한다면 나는 부처가 되지 않을 것이다.

오오, 멋지다. 호우조는 이런 생각을 48개의 기원誓願으로 정리했다. 그중에 18번째가 유명한데 이런 것이다.

'그가 나의 이름을 부르고 있는데도 그 사람이 구원받지 못한다면 나는 부처가 되지 않겠다.'

이것이 전수염불專修念仏의 근거가 된다. 나무아미타불. 아미타불에게 귀의한다는 의미이다.

잇펜 스님의 스승이었던 호우넨 스님法然上人은 여기에 주목하여 어려운 수행 같은 건 하지 않아도 된다, 염불을 외는 것으로 충분하다고 말했던 것이다. 매우 쉽다.

그러나 잇펜 스님은 여기서 좀 더 나아갔다. 호우조 보살은 이미 아미타불이라 불리게 되었다. 그렇다면 모든 사람들은 벌써 구원받았다고도 할 수 있지 않은가. 아미타불의 자비에 힘입어 극락에 갈 수 있게 되었다. 극락에 있다고 하는 것은 모두 부처가 되었다는 것이다.

잘 생각해 보면 우리가 사는 세상일의 대부분은 보상 없는 행위로 이루어져 있다.

눈앞에서 어떤 사람이 넘어진다면 급히 손을 내밀 것이며, 그 옆에서 누군가 물건을 떨어드린다면 주워 줄 것이고, 재미있다고 생각되는 일이 있으면 열중하여 그것을 가르쳐 주지 않는가.

결과적으로 무언가 답례를 받을 수도 있겠지만 처음부터 보상을 원하여 무엇인가를 하는 사람은 없을 것이다. 무엇을 하려 하든 대체로 어떤 보상도 생각하지 않는다.

최근 친구가 제대로 식사도 하지 못하다가 길에서 쓰러진 일이 있었는데, 정신을 차려 보니 어떤 아저씨가 돌봐주고 있었다고 한다. 고마운 마음에 사례하려고 했으나 그는 아무것도 원하지 않았다.

자비다. 사람뿐만이 아니다. 짐승이나 식물 들 역시 공짜로 그들의 몸을 우리에게 내주고 먹힌다. 산과 물, 자연의 모든 것이 그렇다. 모두 부처가 되어 은혜에 은혜를, 베풂에 베풂을 쌓아 가고 있다.

여기도 저기도 자비로 가득 차 있다. 그러니 그것을 깨닫기만 하면 된다.

예전에 구야 스님에게, 어떤 사람이 염불을 얼마나 외야 하느냐고 물으니 "아무것도 말할 수 없을 때까지 버리고 나서"라고 답했다고 사이교 법사^{西行法師}의 『센죠쇼^{選集抄}』*에 실려 있다. 진실로 금언이다. 염불을 행하는 자는 지혜도 우매함도 버리고 선악의 경계도 버리고 귀함과 천함, 높고 낮음의 도리도 버려야 한다. 지옥을 무서워하는 마음도 극락을 원하는 마음도 버리고 또 온갖 종교의 깨달음도 버리고 모든 것을 버리고 염불할 때야말로 아미타불이 원했던 것, 초월 세상을 얻을 수 있다.

이와 같이 소리 높여 염불을 외면 부처도 없고 나도 없고 그 안에 어떤 논리도 없어진다. 선악의 경계, 모두 극락정토가 된다. 밖에서 구하지 마라, 미워하지 마라. 모든 살아 있는 것들, 산과 강, 물과 나무, 바람, 이는 파도 소리, 모두 염불 아닌 것이 없다. 인간만이 초월 세상을 염원하는 것은 아니다.**

그러나 깨닫기가 어려운 법이다. 아미타불의 자비가 자

◆ 사이교 법사의 일화를 모은 설화집으로 사이교 자신이 작자라는 설도 있고 사이교 법사를 내세워 만든 후대의 이야기라는 설도 있다.
◆◆ 『잇펜 스님 어록(一遍上人語錄)』(岩波書店, 1985), 34~35쪽.

신의 주위에 넘쳐흘러도 인간은 그것을 깨닫지 못한다. 은혜를 깨달았다 하더라도 그것을 갚아야 하는 부담으로 받아들인다면 올바른 깨달음이 아니다. 공짜로 은혜를 받았으니 그냥 있어서는 안 된다거나, 내가 살아남기 위해서 주변을 희생시켰다고 생각하는 데서 문제가 발생한다. 일단 거기에 부담을 느끼게 되면 인간은 어딘가의 교단에 의탁하여 노예가 된다. 이만큼의 은혜를 받았으니 이만큼의 공덕을 쌓아 거기에 보답해야만 한다, 공덕을 쌓는 올바른 방법을 가르쳐 주는 교단을 따르자, 그러지 않으면 은혜를 모르는 짓이라고 생각하게 된다.

혹은 자신의 행동에 부담을 느낀 나머지 그만 회피해 버리는 사람들도 있다. 주위에 신세를 지고 살아가는 것은 부끄러운 일이다, 살생을 하든 뭘 하든, 자신은 스스로 지키지 않으면 안 된다. 일하자, 출세하자, 더 좋은 옷과 밥을 손에 넣자라고.

어쨌거나 사람의 행색으로 선악우열의 구별을 짓는다. 잇펜 스님은 이 구별을 버리라고 한 것이다.

사실 누군가가 나에게 잘해 준다면 그저 고마워하고 즐거워하면 된다. 괜히 긴장해서 은혜를 갚아야 한다느니 할 필요가 없다. 누군가의 희생 덕분에 얻은 것이 있으므로 나도 무언가를 희생해서 그것을 갚아야 한다는 생각은 이만큼의 일을 한다면 이만큼의 보답이 필요하다, 나 역시 대가를 받으며 일해야 한다는 생각으로 이어진다.

이를 두고 시라이시 요시하루白石嘉治 씨는 '희생 교환'이라는 논리로 말하기도 했다. 보답과 대가를 계산하면서 선악 우열의 시스템이 완성된다. 그리고 일단 완성된 이후에는 모든 삶이 그 한계 내에서 결정된다.

잇펜 스님의 시대를 예로 들자면 농사짓기가 당연히 강요되고 남들의 시선을 신경 쓰며 가축처럼 일했을 것이다. 견딜 수 없는 일이다.

애초 자비에 우열을 정하고 은혜를 갚느니 마느니 하는 것이 웃기는 일 아닌가.

잇펜 스님은 이렇게 말했다.

의식주 같은 건 개나 줘 버려. 그런 것만 생각하다가는 지옥에 떨어질걸. 나는 이제 일하지 않겠다. 관리들 같은 지배

◆ 시라이시 요시하루(白石嘉治), 「고역스런 하위문화(苦役のサブカルチャー)」,(『임팩션(インパクション)』 195호, インパクト出版社, 2014. 6).

집단이 사람을 의식주에 가둬 두려 한다면 이제 여기서 도 망치는 수밖에 없다. 토지를 버리고 재산을 버리고 가족도 버리고 전국 각지를 놀면서 돌아다닌다. 전부 던져 버리고 부처의 은혜에 몸을 맡기면 된다.

나무아미타불.

모두 남김없이, 아미타님에게 맡기자.

국가 이야기를 하려다 보니 부처 이야기가 좀 길어졌다. 최근 제임스 스콧의 『조미아』를 읽었다.

이 책에 의하면 고대국가의 특징은 논농사를 짓게 된 데 있다고 한다.◆ 논농사는 잘되면 수확량도 좋고 저장창고만 잘 지으면 오래 보관하는 것도 가능하다. 지배하는 입장에 서는 매우 편리하고 전쟁을 할 경우에도 그 비축분이 많으 면 많을수록 전력에 도움이 된다.

그러나 논농사는 사람의 손이 많이 가고 게다가 엄청

◆ 제임스 스콧(James.C.Scott), 『조미아(ゾミア)』(みずす書房, 2015). 국내 번역서는 『조미아, 지배 받지 않는 사람들』, 삼천리, 2015.

난 중노동을 요구한다. 그래서 지배자들은 폭력을 가하여 농민을 억압하고 무리를 해서라도 일하게 만들지 않으면 안 되었다. 그리고 국가라는 이름으로 공물과 세금을 잔뜩 거두었다.

논농사는 수탈하기에 매우 적절한 작물이었다. 평지에 논이 펼쳐지고 수확기가 되면 황금 물결이 넘실거린다.

요컨대 지배하는 입장에서 보면 한눈에 수확량을 알 수 있고 관리하기도 완전 편하다.

반대로 농민의 입장에서 보면, 금년은 수확량이 적다고 거짓말로 눈속임을 할 수도 없다.

논과 마찬가지로 농민들의 행동 역시 한눈에 파악 가능하다. 여기에 더해 나라는 돈을 들여 저수지를 만든다든지 관개사업을 한다든지 해서 자신들이 마치 논을 만든 것처럼 행세한다. 무장을 강화하고 이 모든 것이 너희들을 외부의 침입으로부터 안전하게 지켜주기 위한 것이다라고 말하면 그런가 보다 할 수밖에 없게 된다.

국가 덕분에 먹고살 수 있게 되었으니 그 은혜를 갚지 않으면 안 된다, 열심히 일해서 인정받자, 자신도 모르게 서서히 노예근성을 키워 나가게 되는 것이다. 인간의 행동이 교환 논리에 의해 계산된다. 고역이다.

　물론 그런 삶이 싫어서 도망가는 사람도 많았다. 고대 중국에서는 많은 사람들이 동남아시아의 산악지대로 도망쳐서 이 산 저 산을 전전했다고 한다. 국가의 추적을 피해 산에 고구마를 심고 화전을 일구기도 했다. 지상에 높이 솟은 황금 벼이삭과는 달리 땅속에 묻힌 고구마는 찾기 힘들다. 무엇보다도 논농사와는 다르게 고구마는 내버려 두면 쑥쑥 자라고 화전 역시 풀과 나무를 베어 불을 질러 놓으면 비옥

해진다. 농사짓기가 편하다.

관리들에게 발각되면 주저 없이 땅을 버리고 도망갈 수도 있다. 제임스 스콧에 의하면 이러한 도주 농민들은 산적이 되었는데 동남아시아에 퍼져 있던 산적의 생활지대를 '조미아'라고 한다는 것이다. 어떤 산적이 되는가는 저마다 달랐던 것 같다. 흔한 산적들처럼 무장하고 약탈을 생업으로 삼기도 하고, 국가와 거래를 해서 자치구를 만든 사람들도 있고, 고구마와 밭을 무기로 권력에 균열을 낸 사람들도 있었다. 잇펜 스님처럼 불문에 들어가 여행을 나선 사람도 있고 수행자나 도인 같은 행색을 하고 떠돌아다니는 사람들도 있었을 것이다.

어쨌거나 어떤 모습을 취해서라도 국가의 울타리로부터 도망치려는 사람들을 '조미아'라고 불렀다.

아마도 1970년대까지 국가의 형태는 그렇게 다르지 않았을 것이다. 근대국가만 해도 노동자를 공장에 가두려고 필사적이었다. 물론 공장의 관리 자체는 각각의 기업이 한다. 그러나 모두를 똑같이 일하게 만들기 위해 행정적으로 지원하고, 사람들을 공장에서 일하도록 하기 위해 사회복지에서 주택환경, 교육기관, 정보통신, 교통망에 이르기까지 도시환경을 정비하는 것은 국가였다. 일본에서는 그렇게 만들어진 곳이 도쿄가 아닐까. 처음에는 도심부에서, 전후에는 사이타마^{埼玉}, 치바^{千葉}, 가나가와^{神奈川}까지 포함하는 도쿄 교외라 불리는 장소에 뉴타운이라는 이름으로 국가가 돈을 들여서 생활환경을 정비하고 국민주택 단지를 만들었다.

목적은 딱 한 가지, 확실하게 세금을 뜯어내기 위해서이다. 그런데 1970년 무렵부터 국가는 여기에 돈을 들이지 않게 되었다. 공장노동을 포함한 모든 분야에서 사람들이 실제로 어떻게 일하든 상관없어져 버린 것이 아닐까.

지금으로 치자면 롯폰기 힐즈^{六本木ヒルズ} 같은 금융자본의 거점만 있으면 되었다.

그다음은 주택이든 자동차든 교육이든 대출을 떠안은 사람들이 빌린 것은 반드시 갚아야 한다는 부담감을 느끼게 하면 그것으로 족했다.

도쿄 교외는 방치되었다. 주택단지는 폐허화되고 지은 지 20년, 30년이 된 집은 단 1엔의 가치도 없는 집이 되었다. 사이타마, 치바, 가나가와의 집은 게다가 역에서 멀기까지 하면 아마도 돈을 준다고 해도 살 사람이 없을 것이다.

거기에 지금은 방사능 문제까지 더해졌다. 자급자족도

불가능하다. 미디어가 전하는 소식은 상상도 해 본 적 없는 범죄들뿐. 인정할 수밖에 없다. 도쿄는 방치된 땅, 슬럼이라는 것을.

이것을 인정하고 싶어 하지 않는 사람들, 현실에 눈을 감고 싶어 하는 사람들이 지금 어처구니없는 일을 벌이고 있는 것이다. 그들이 바로 차별주의자들이다.

수천만 엔의 대출을 안고 도쿄 교외에 주택을 구입하고 성실하게 빚을 갚아 나가던 중 어느새 자신이 슬럼의 주민이 되어 있다는 것을 알아차리게 된다. 왜 이런 꼴을 당해야 하는 건가, 누구보다 열심히 살아왔는데 하고 보상을 바라는 마음이 급상승하게 된다.

결국 그 억울함을 풀 대상을 엉뚱한 데서 찾게 된다. 누가 잘못한 것일까. 슬럼의 이미지를 만든 노숙자와 히키코모리, 불법노동자와 이주노동자가 떠오르고 그들에게 원인을 돌리게 된다.

차별주의는 이런 상황에서 나타나는 게 아닐까.

사실 정말로 가난을 경험하게 되면 오히려 대범해지는 법이다. 대출을 받으면 집을 살 수 있는 정도의 돈이 있는 사람들이 오히려 더 겁에 질려 있는 것 같다. 그러나 분명한 것은 주변의 약자들을 차별하고 그들을 원망한다고 문제가 해결되지는 않는다.

사실 이 원고는 카야노 토시히토萱野稔人의 저서인 『내셔널리즘은 나쁜가』를 비판해 달라는 부탁을 받고 쓰여진 것이다.

간단히 요약하면 이 책은 혐오발언을 우리는 어떻게 바라봐야 하는가를 주제로 삼고 있다. 카야노 씨의 해답은 매우 간단하다. 차별주의자가 태어난 것은 국민생활이 불안정하기 때문이다. 국가가 노동자에게 돈을 쓰지 않게 되고 가난한 사람들이 늘어가기 때문에 이주노동자들에게 일자리를 빼앗겨 버렸다, 쫓아내버리자라는 발언이 태어난 것이다.

그러므로 좌파들은 무조건 차별주의자들을 비판만 할 것이 아니라 이들 역시 같은 국민임을 생각하여 함께 국가에 좋은 정책을 요구하고 국민생활을 안정시키는 데 힘을 써야 한다는 것. 그러면 되는 것일까.

아마도 이런 생각에 동조하는 정치가나 미디어 들이 많

◆ 카야노 토시히토(萱野稔人), 『내셔널리즘은 나쁜가(ナショナリズムは悪なのか)』(NHK出版, 2011).

을 듯하다. 그러나 나는 이것으로는 부족하다고 생각한다.

어째서 차별주의자들이 생겨나는 것일까.

그것은 자신이 희생자라는 생각이 강하기 때문이고, 자신의 행동에 대가나 보상을 바라는 마음이 과잉이라 할 정도로 고조되어 있기 때문이다. 그 근간에는 당연히 국가가 있다. 원래는 부처처럼 은혜에 은혜를 쌓아 가던 인간의 행동이 지배자에 의해 관리되면서 선악과 우열을 평가받게 되었다. 부처가 소유되고 희생과 교환의 논리가 만들어졌기 때문에 자신의 행위에 보상을 바라는 것이 일반화된 것이다.

혐오발언은 근절되어야만 한다. 국가로부터 도망쳐서 모든 구별에 반대하자. 조금만 생각을 바꾼다면 사실 그렇게 어려운 일도 아니다. 예전에는 산속까지 도망쳐야 했는데, 지금은 모든 곳이 슬럼이 되어 버렸지 않은가.

어디든 모두 어차피 슬럼이다. 그렇게 생각하면 뭐든 할 수 있을 것 같다. 그런데도 국가에 매달리는 것이 차별주의자들이다. 그들에게 우리는 도대체 어떤 말을 건넬 수 있을 것인가. 모두 같은 국민이라는 말 같은 걸 하기보다 우선 침을 뱉자. 그리고 귀를 기울여 보자. 여기저기의 슬럼에서 조미아의 염불이 들려온다.

산과 강, 물과 나무, 부는 바람, 이는 파도의 소리조차도 염불 아닌 것이 없다.

보상이 부족하다고 차별과 혐오를 일삼을 것인가, 차별과 위계에 반대하며 살아 있는 모든 것들과 은혜를 나눌 것인가.

전쟁이 시작되고 있다.

남에게 폐 끼칠까
걱정 말고

나는 효자다.

자기소개를 할 일이 있을 때면 이렇게 말한 지가 꽤 되었다.

사실 나는 어렸을 때부터 계속 효자였다. 35년간, 태어나서부터 지금까지 계속 부모님을 모시고 산다. 부모님과 나 셋이서 사이타마에서 살고 있다. 세 살 위의 형이 한 명 있지만 이미 결혼하여 분가해 살고 있다. 내가 외출하는 것은 주 2일 내지 3일, 아르바이트를 할 때뿐이다. 연로하신 부모님으로서는 이만큼 마음 든든한 일이 또 있을까. 집의 수입은 부모님의 연금이 거의 다다. 사치하지 않는다면 어떻게든 살림을 꾸려 나갈 수 있다. 아니, 약간 엄살을 떤 것일지도 모른다. 조금은 사치스럽게, 하루에 한 캔, '보리와 홉' 흑맥주를 마시고 있고, 서너 달에 한 번씩은 '갓파스시'[*]에 가기도 한다. 이 정도의 사치는 허용되는 수준이랄까.

그런데 최근에는 '갓파스시'에 가지 못하게 되었다. 먹어도 되는 스시가 줄어들었기 때문. 무서운 방사능. 이제 연어 말고는 먹을 수 있는 것이 없다.

그러니 지금 나의 사치는 '보리와 홉' 단 하나뿐이다. 짓궂은 친구들은 그건 진짜 맥주가 아니라고, 짝퉁맥주라고 놀리기도 하지만 맛있기만 하다. 내 몸의 90퍼센트는 '보리와 홉'이라고 말해도 과언이 아니다.

요컨대 내가 하고 싶은 말은 나는 효자라는 것이다. 35년간 부모님과 함께 살고 있고 무리하게 사치하는 일도 없다. 스스로 생각해도 기특하다.

어찌 되었든 나는 35세의 연금생활자. 부모님의 연금 덕분에 살고 있다. 그런데 얼마 전 부모님으로부터 충격적인

---

[*] 일본의 대표적인 발포주 상표. 발포주는 맥아 비율 67% 미만의 맥주 맛이 나는 일본의 술로 맥주보다 가격이 싸다.

[**] 스시 체인점.

이야기를 들었다.

언제부터였던가, 이상하게 반찬 수가 줄기 시작했다. 약간 준 정도가 아니다. 단무지와 낫토 그리고 쌀밥뿐이다. 에도 시대의 무사도 아니고 이건 너무하다 싶어서 먹고 싶은 반찬 몇 가지를 넌지시 말하면서 요즘 우리 집 식탁이 너무 썰렁한 것 같다고 투덜거렸다.

"이게 다 누구 때문인데!"

부모님의 반응에 깜짝 놀라 이야기를 들어보니 부모님의 연금에서 내 연금이 빠져나가고 있다는 것이다.

나는 실실 웃으면서 말했다.

"뭐야 그게! 아들이 낼 거라고 하지. 지금이라도 못 내겠다고 하면 되잖아."

내 말에 부모님은 더 화를 내셨다.

"소용없어. 강제납입이니까."

설령 자식이 수입이 적어 국민연금을 내지 못한다고 해도 자식이 부모와 함께 살고 있다면 국가는 세대주, 즉 부모님으로부터 연금을 강제 징수할 수 있게 되어 있다는 것이다. 처음에는 부모님도 놀라서 못 낸다고 버텨 보았다고 한다. 그런데 담당 공무원이 "자식이 낼 능력이 안 되면 부모

가 내주는 것이 당연하지 않냐"고 큰소리로 떠드는 바람에 창피하기도 하고 해서 울며 겨자 먹기로 내 왔다는 것이다.

얼마나 냈을까. 부모님께 들은 바로는 연간 17만 엔이라고 한다. 나는 그 액수를 듣고 놀라고 말았다. 지금에야 겨우 연 수입 80만 엔이 되었지만 당시에 나는 10만 엔 정도밖에 벌지 못했다. 그런데 국가는 거기서 17만 엔을 뜯어가려고 했다는 것이다. 그동안 나는 대학 등록금이 비싼데다가 무상 장학금은 없고 대출만 있다는 것에 이런저런 불만을 말해 왔다. 대출은 인간을 노예로 만드는 것이므로 나쁘다든가 하는 글을 쓰기도 했다. 그런데 이건 이야기가 다르다. 부모님은 시시한 공무원에게 싫은 소리를 듣고 나는 부모님께 싫은 소리를 들었다. 무엇보다도 우리 집 밥상에 반찬 수가 줄었다. 어이가 없을 지경이다. 이건 국가가 주도하는 집단 괴롭힘이다. 국가 덕분에 날 때부터의 효자가 갑자기 불효자로 전락했다. 나는 충격을 받고 사흘이나 방에 처박혀 있었다.

연금이란 도대체 무엇이란 말인가. 새로운 수법의 불법 금융인가.

그런 생각으로 인터넷 검색을 해 보았더니 그 이념에 대해 다음과 같이 설명되어 있었다.

"이것은 상호부조를 위한 제도입니다."

뭐라고?

나는 아나키즘을 연구하고 있기 때문에 클로포트킨의 『상호부조론』을 몇 번이나 읽었다. 그런데 거기에는 이처럼 약한 자를 괴롭히라는 말은 한 마디도 없었다.

오히려 그 반대이다. 강한 자를 제압하고 약한 자를 돕는 것이 상호부조이다. 인터넷 검색을 더 해 보았다.

"연금이란 미래의 위험에 대비하여 모두가 돈을 내 놓게 하는 제도입니다."

알 것도 같고 모를 것도 같은 애매한 설명이다. 요컨대 나이를 먹으면 육체적으로 일할 수 없게 될지도 모르기 때문에 젊을 때 열심히 일하자, 미래의 것까지 일해 놓자 그런 뜻일까. 결국 노동하라는 것, 그것도 과잉노동, 강제노동이다. 그것을 할 수 없다면 빚을 지라는 것이니 기가 막힐 노릇이다.

이건 마땅히 더 격렬하게 비판해야 할 일이다 싶어서 검색해 보다 그 기원 같은 것을 발견하게 되었다.

'계.'

인터넷 기사를 읽어 보니 '피라미드 금융'의 기원이기도 하다고 쓰여 있다.

가마쿠라 시대에 시작된 민중 수준에서의 상호부조로 에도 시대에 일반화된 계는 지역에 따라 다르겠지만 대체로 열명 정도가 한 조가 되어 조직을 만들었다. 그리고 매월 회합을 가지고 모두 돈을 내어 만들어진 공동자금을 한 사람에게 주는 형식을 기본원리로 움직였다.

분배의 방법은 여러 가지가 있지만 대표적인 방법은 두 가지인데, 그중 하나는 처음부터 나누는 방법을 정해 두는 것이다. 예컨대 상인이라면 그 직종에 따라 물건을 구입하는 시기라든가 돈이 필요한 시기가 정해져 있다. 그러므로 저마다 필요한 때 돈을 가져갈 수 있도록 처음부터 순서를 정해 두는 것이다.

또 하나의 방법은 제비뽑기로 누구든 복권을 긁을 때와 같은 즐거움을 맛보고 게다가 평등하게 돈을 받을 수 있다. 이 방법은 도박성이 동반되기 때문에 윤리적인 비난을 받는 일

◆ 무진코우·타노모사코우(無盡講と賴母子講). 한국의 계와 같은 것으로 일정한 수의 개인이 모여 곗돈을 내고 추첨 등의 방법을 통해 한 명씩 목돈을 가져가는 것. 가마쿠라 시대에 발생했다고 알려진 일본의 서민 상호부조 제도.

도 있지만 그래도 대부분 재미로 기꺼이 받아들였던 것 같다.

의외로 재미있다는 생각이 들어 이 제도를 살려서 활약한 사람이 없는지 더 알고 싶어졌다. 검색을 더 해 보았다.

다카노 조에이高野長英.

에도 시대 말, 일본에서 가장 뛰어났던 난학자蘭学者* 다.

무척 재미있는 사람이라 소개하고 싶다.

다카노 조에이는 1804년 이와테현岩手県의 미즈사와水沢에서 태어났다. 아홉 살 때 아버지가 돌아가셔서 삼촌인 타카노 겐사이高野玄齋에게 맡겨졌다. 어렸을 때 꽤 머리가 좋았던 것 같다. 삼촌에게 신임을 받아 양자가 되었고 게다가 겐사이의 외동딸이었던 치오千鶴와의 결혼도 정해졌다. 겐사이는 양의洋醫였는데 일찍이 에도에 유학하여 스기타 겐파쿠杉田玄白에게 배운 적도 있는 사람이었다. 그의 영향도 있어서 조에이는 젊을 때부터 난학을 배워 1820년, 17세가 되

---

* 네덜란드 전문학자. 에도 시대에는 서양에 대한 쇄국령이 내려진 가운데 네덜란드 상인들만 나가사키에서 무역을 할 수 있었으므로 이 시대의 난학은 서양에 대한 학문 일반을 말한다.

자 더 이상 겐사이로부터는 배울 것이 없을 정도로 뛰어난 실력을 갖출 수 있었다. 더 공부하고 싶다고 생각하던 무렵 형의 에도 유학이 결정되었다. 조에이는 자신도 가고 싶다고 호소했다. 그러나 겐사이는 허락하지 않았다. 너는 치오와 결혼하여 여기서 의사를 하는 것이 좋겠다고 권했다. 조에이는 에도로 떠나는 형을 배웅하면서 포기할 수 없는 마음에 좌절했다.

마침 그 무렵 계모임이 있었다. 양부인 겐사이가 감기로 앓아누워 조에이가 대신 출석했다. 제비뽑기였다.

당첨!

무려 15량이나 받아 버렸다. 펄쩍펄쩍 뛰며 1량짜리 금화를 바라보고 있자니 문득 마음속의 목소리가 들려왔다.

도망가는 거다, 도망가는 수밖에 없다.

조에이는 15량을 품에 넣고 미즈사와를 떠났다. 서둘러서 에도로 가고 있던 형을 뒤따라갔다. 도중에 형을 따라잡았고 깜짝 놀란 형이 말했다.

"어? 아버지가 반대한 것 아니었어?"

조에이는 의기양양한 얼굴로 대답했다.

"아니, 아버지는 오히려 나에게 이렇게 큰 기대를 하고 계시는걸. 이것 봐"

반짝반짝하는 금화를 펼쳐 보이는 조에이를 사람 좋은 형은 완전히 믿어 버렸다. 그리고 함께 에도로 갔다.

에도에 도착해서 조에이는 에도에서 가장 유명한 난학자를 찾았다. 요시다 조슈쿠吉田長淑. 일본 최고의 서양내과의였다. 원래 일본에서는 한방의사의 세력이 강해서 서양의학은 별로 인정받지 못했다. 그러다가 에도 말기가 되자 누가 보아도 외과는 서양의학이 더 뛰어났기 때문에 서양외과의만큼은 인정받게 되었다. 내과는 한방의, 외과는 난방의蘭方醫. 그런데 그 틈을 비집고 들어간 것이 요시다 조슈쿠였다. 한방의가 아무리 방해를 해도 절대로 그만두지 않았다. 강단 있는 사람이었다. 실제로 새로운 것을 시작했다는 것만으로도 요시다의 서양의학 지식은 놀라운 것이었다. 에도 제일이었다. 조에이는 그에게 사사받아 난방의로서의 실력을 키워 갔다. 그리고 금방 가장 뛰어난 제자가 되었다. 실제로 조에이의 본명은 유즈루讓였으나 스승으로부터 한 글자를 받아 이름이 조에이長英가 된 것이었다.

양부였던 겐사이는 무척 좋은 사람이었던 모양이어서 억지로 조에이를 데려가려고 하지는 않았다. 어릴 때부터 조에이가 천재였던 것은 알고 있었던 일이고 돈을 가지고 도 망가서까지 공부를 하고 싶다면 끝까지 해 보라는 마음이었 던 것 같다. 양부의 그런 속마음을 알았던 걸까. 조에이는 돈 이 떨어질 때마다 양부에게 편지를 보냈다. 에도 최고의 의 사가 되겠다고 하면서 몇 번이나 송금을 부탁했다. 계의 영 향이었을까. 돈은 돌고 도는 것이라고 생각했을지도 모르겠 다. 그런데 그런 조에이에게 나쁜 일들이 연이어 일어났다.

1823년 에도에 함께 있던 형이 병으로 사망했던 것이다. 약값 등의 돈이 들어서 양부가 부쳐오는 돈으로는 감당할 수 없었기 때문에 조에이는 빚을 져 가며 형을 간호했다. 나 중에는 에도에서 개업을 해 빚을 갚았다. 아무리 열심히 일 을 해도 돈은 늘 궁했다. 또다시 양부에게 의지할 수밖에 없 었던 조에이는 일단 미즈사와로 돌아가 돈을 달라고 했으나 양부가 화를 내며 말도 못 꺼내게 했다. 그런데 에도에 돌아 와 보니 그사이에 화재가 나 진료소가 불타 버리고 없었다. 이제 기댈 데는 스승뿐이다 싶어서 바로 요시다의 집으로 찾아갔다. 그런데 설상가상으로 마지막 기댈 곳이었던 스승 마저 죽어 이미 장례까지 치른 후였다. 조에이는 머리를 감 싸 안고 절망에 빠졌다. 그때 요시다 밑에서 같이 공부하던 선배가 조에이에게 다가왔다. 나가사키長崎에 지볼트라는 의사가 와 있다는 것이었다. 평범한 의사가 아니라 박학다식하여 뭐든지 알고 있다고 했다. 게다가 막부幕府에 고용되어 나루타키주쿠鳴滝塾라는 교육기관을 운영하고 있는데 거기에 들어가면 생활비도 보장해 준다는 것이었다. 그런데 나가사키까지 갈 돈이 없었다. 돈은커녕 빚에 몰려 형편이 말이 아니라는 조에이의 말에 선배는 이렇게 말했다.

"무슨 소리를 하는 거냐. 너는 학문을 하고 싶은 것 아니냐. 너는 이제 더 이상 에도에서 배울 것이 아무것도 없다. 학문으로 천하를 얻기 위해 무슨 수를 써서라도 나가사키에 가야 한다."

그 말을 듣자 다시 의지가 불타올랐다. 조에이는 지인들의 집을 돌아다녔다. 어차피 빚구덩이에 빠져 있으니 빚이 얼마가 되든 마찬가지다. 양부로부터도 돈을 빌렸다. 반년 후에 미즈사와로 돌아갈 테니 돈을 빌려 달라고. 물론 거짓말이었다. 빚에 빚을 또 지고 조에이는 나가사키로 향했다.

나가사키에 도착한 조에이는 곧 지볼트의 제자가 되었다. 의학도 배웠지만 최고의 작업은 논문을 쓰는 일이었다. 지볼트가 일본을 연구하고 싶어 했으므로 조에이는 그것을 보조

했다. 지볼트를 도와 네덜란드어로 논문을 쓰면서 조에이의 어학 실력은 비약적으로 발전했다. 연구학생은 졸업논문을 써야 했는데 조에이는 고래잡이에 대한 논문을 써서 지볼트로부터 박사 칭호를 받았다.

1827년 양부가 돌아가셨다. 친척들이 미즈사와로 돌아오라 했지만 조에이는 듣지 않았다. 더 공부하고 싶었다. 배우면 배울수록 더 공부하고 싶어졌다.

1828년 여행을 하던 중 조에이는 나가사키에서 지볼트가 연루된 심각한 사건이 일어났다는 소식을 들었다. 국외로 가지고 나가서는 안 되는 일본지도를 지볼트가 귀국선에 실었다는 것이다. 나리타키주쿠의 연구학생들이 연달아 잡혀갔다. 조에이는 소식을 들은 그길로 교토로 도망갔다. 그 와중에 어찌어찌 행방을 수소문한 집안사람이 교토로 찾아와 대를 이으라 하였다. 조에이는 화를 내며 절연장을 써 주었다. 아무쪼록 이제 나 같은 놈과는 연을 끊어 주세요라고. 약혼자인 치오에게도 미안하다는 편지를 썼다.

덧붙여 말하자면 치오는 죽을 때까지 조에이를 기다렸다고 한다. 치오에게 조에이는 소꿉친구이기도 하고 오라비이기도 하고 연인이기도 했다. 그러나 조에이는 그런 것에 연연해하지 않았다.

1830년 에도로 돌아가 개업을 하고 난학 사설학교도 열었다. 친어머니를 불러 함께 생활했다. 어쨌거나 에도는 지볼트의 애제자가 왔다는 소문으로 시끄러웠다. 드디어 조에이가 대접받는 시대가 왔다.

1832년 조에이는 에도에서 열리고 있던 학자들의 회합에 참가하기 시작했다. 쇼시카이尚歯会였다. 거기에는 의사들뿐만 아니라 미토번水戸藩◆의 후지타 도코藤田東湖, 다하라번田原藩◆◆의 좌장이었던 와타나베 카잔渡辺華山 등도 참가하고 있었다. 그 무렵 외국의 배가 계속 일본으로 들어오고 있었다. 국내외 정세를 알고 싶은 정치가들이 난학자들에게 가르침을 구하러 오는 일이 많았다. 조에이는 자신의 학문이 쓰일 곳을 찾았기 때문에 매우 기뻤다. 서양의 책을 읽어 가면서 성심껏 여러 가지 것을 가르쳐 주었다. 그러다가 신이 났는지, 조에이는 '무술년 꿈 이야기戊戌夢物語'라는 제목으로 막부의 이

◆ 현재의 이바라키현(茨城県) 중부와 북부를 다스렸던 번. 번(藩)은 지방영주가 다스리던 영지 또는 그 통치조직.

◆◆ 현재의 아이치현(愛知県) 동부 지역을 다스렸던 번.

국선추방령異國船打払令을 비방하는 글을 썼다. 꿈에서 봤다는 형식으로 막부가 일본의 표류민들을 데려온 외국배에 포탄을 쏟아 부은 일을 비판한 것이다. 물론 출판되었을 리가 없다. 대놓고 막부를 비판하면 죽임을 당하는 시대였다. 막부 비판을 목적으로 한 것이 아니라 쇼시카이의 회원들에게 읽게 하고 술자리에서 푸념이라도 하자는 것이었다. 그러나 그 글을 막부가 심어놓은 밀정이 가져가는 바람에 쇼시카이의 회원들은 엄청난 탄압을 받게 되었다.

1839년, 먼저 와나타베 카잔이 잡혀갔다. 막부 비판뿐 아니라 무인도 도항 계획을 세웠느니 하는 영문을 알 수 없는 말을 들었고, 고향인 다하라번에 칩거하는 신세가 되었다. 조에이는 나는 잘못한 것이 없으니 괜찮다고 하며 자수하였으나 무기징역형을 받았다. 억울했던 조에이는 몇 번이나 탄원서를 내었으나 통하지 않았다.

조에이는 의사였기 때문에 감옥에서 귀한 대접을 받았지만 그래도 분해서 견딜 수가 없었다. 무엇보다도 밖에 있는 어머니가 걱정이었다.

친구들에게 소식을 물어 보니 와타나베 카잔이 할복을 했다고 하고 전 약혼자였던 치오가 죽었다는 소식도 들리고 양모도 죽었다고 했다. 온통 비보뿐이었다. 우울한 생각만 자꾸 쌓여 갔다. 밖으로 나가고 싶다, 책을 읽고 싶다, 번역을 하고 싶다, 더, 더 공부하고 싶다, 어머니가 보고 싶다.

감옥에 갇힌 지 4년쯤 되었을까, 어느 날 간수가 조에이에게 말을 걸었다.

"우리 어머니가 병에 걸렸어요. 모든 의사가 다 가망이 없다고 하는데 어떻게 살릴 수 없을까요."

조에이의 처방을 받은 며칠 후, 간수가 울면서 감사 인사를 했다.

"선생님 덕분에 우리 어머니가 완전히 좋아지셨어요. 제가 뭔가 해 드릴 일이 없을까요. 선생님을 위해서라면 목숨을 걸어도 좋습니다."

조에이는 괜찮다고 그럴 필요 없다고 말하면서도 무심코 속마음을 드러내고 말았다.

한 번이라도 좋으니 어머님을 뵙고 싶다고. 이 감옥에 불이나 나야 나갈 수 있을까.

조에이의 탄식을 들은 간수는 알았다고 하면서 그 자리를 떠났다.

며칠 후 감옥의 헛간에서 불이 났다. 대피를 위해 죄인들이 모두 풀려났다. 관리들은 3일 이내에 돌아오면 감형해 준다고 했지만 알 바 아니었다. 조에이는 열심히 도망쳤다. 고향에 계시는 어머니를 향해. 도중에 조에이를 지켰던 그 간수가 책형◆을 당했다는 소식을 들었다. 미안한 일이지만 어쩔 수 없었다. 조에이는 어머니와 재회했다. 36세의 효도. 그후 조에이는 전국 각지를 돌아다녔다. 지금도 정확한 도주 루트는 알려져 있지 않다. 알려져 있는 것은 한때 아이치현의 우와지마번宇和島藩에 불려가 네덜란드어 병법서를 번역하고 제자를 모아 교육했다든가 하는 정도이다. 어쨌거나 꽤 많은 일을 했다. 그러나 좀처럼 한 장소에 머무르지는 않았다. 조에이의 소문을 들으면 막부가 보낸 추적꾼이 들이닥쳤다. 무슨 까닭인지 조에이는 제1급 정치범이 되어 있었다.

조에이는 사람이 많은 에도로 되돌아가기로 했다. 지금으로 치면 성형이라고 할까, 머리를 미끈하게 깎고 얼굴의 반을 불로 지져서 용모를 바꾸고 동네 의사가 되었다. 유곽에 있던 여자의 빚을 갚아 주고 아내로 맞았다. 딸 하나와 아들

◆ 사람을 기둥에 묶어 놓고 찔러 죽이는 형벌.

둘, 자식도 낳아 제법 행복한 생활을 꾸려 나갔다.

그러나 막부는 끈질겼다. 1850년 10월 30일, 조에이는 누군가의 밀고에 의해 발각되고 만다. 막부 쪽의 정식 기록은 조에이가 더 이상 도망갈 수 없다고 생각하여 자해했다고 되어 있지만 사실은 그게 아니었던 것 같다. 습격에 입회한 자의 기록에 의하면 관리들이 조에이의 집에 들이닥쳤을 때 조에이는 "자, 이제 가 볼까"라고 말하며 순순히 포박을 받으려 했다고 한다. 그러나 관리들이 조에이를 둘러싸고 마구잡이로 때렸다. 그리고 이미 숨을 거둬 딱딱하게 굳은 그의 몸을 밧줄로 칭칭 감아서 끌고 갔다고 한다.

향년 47세.

이것이 에도 시대 가장 뛰어났던 난학자의 최후였다.

에도 시대 말기, 최고의 난학자였던 조에이의 이야기가 길어졌지만 그의 생을 통해 나는 진짜 상호부조에 대해 말하고 싶다.

당시의 계모임은 지금의 연금제도처럼 미래의 몫까지 사람을 일하게 하고, 좋고 싫음도 묻지 않고 돈을 내게 하는 짓은 하지 않았다.

한번 돈을 뜯기면 인간은 자신도 모르는 사이에 노예와 같은 감정에 사로잡히게 된다. 아무리 열심히 일하고 있어도 연금을 내기 위한 돈 17만 엔이 없으면 몹쓸 인간에 불효자 취급을 받는다. 그렇지만 돈이 없고 빈둥거려도 가끔 부모님 어깨라도 두드려 주고 집안일을 도와준다면 그것이 효도 아니겠는가. 그런데도 지금의 연금제도는 부모자식 간의 정을 포함하여 사람 사이의 좋고 나쁨을 전부 돈으로 결정해 버린다. 사람이 사람을 사랑하는 일이 완전히 홀대당하고 있다.

물론 사람에게는 모아둔 돈이 필요할 때가 있다. 병이 들거나 신상에 불행한 일이 있거나 축하할 일이 있을 때, 자식을 대학에 보내고 싶을 때, 자기 사업을 해 보고 싶을 때가 왜 없겠는가. 혹은 하고 싶은 일이 돈이 안 되는 일이라든가 해서 작은 돈이라도 정기적으로 들어왔으면 할 때도 있을 것이다. 그럴 때 돈이 돌도록 하는 것이 상호부조이다. '얼마만큼 수입이 있고 얼마만큼 돈을 받으니까 그만큼의 보상을', 이런 것이 아니다.

그저 하고 싶은 일이 있을 때, 하지 않으면 안 되는 일이 있을 때, 돈을 받을 수 있도록 하는 것이 상호부조이다.

한 번 더 다카노 조에이를 떠올려 보자. 그가 그랬던 것처럼 에도에서 공부를 하고 싶어도 갈 방법이 없다. 부모도 사실은 보내주고 싶고 미안하다고 생각하지만 금전적으로 장남밖에 보내줄 수 없다. 조에이도 부친에 대해 지금까지 키워 준 은혜에 감사하고 있지만 그래도 형만 에도에 보내는 것은 치사하다는 생각을 떨칠 수 없다. 그때 때마침 계에 당첨되었다. 돈이 하늘에서 뚝 떨어졌다.

조에이는 조금도 망설이지 않고 그 돈을 공부에 썼다. 부모가 자식을 생각하는 마음, 자식이 부모를 생각하는 마음이 뭐라 말하지 않아도 쓰윽 밀려들어 올 때, 그 감정이 넘쳐흘러 하고 싶은 일을 하려무나 하고 말할 수 있게 하는 것이 상호부조이다. 이 경우 하고 싶은 일을 하는 것은 자식이지만 솔직히 자식이 하고 싶은 일을 하는데 기뻐하지 않는 부모란 없지 않겠는가. 이것이 효도이다.

무엇보다 조에이가 대단한 것은 17세 때 얻었던 계의 감각을 죽을 때까지 소홀히 하지 않았다는 점이다. 더 공부하고 싶다, 그런데 돈이 없다. 그는 인생에서 몇 번이나 이런 지경에 내몰렸지만 그때마다 돈은 하늘에서 떨어진다는 감각을 되살렸다. 열심히 일하여 5년 후, 10년 후에 어떻게 해보겠다든가 하지 않았다.

하고 싶은 일이 있으면 돈을 빌리든 뭘 하든 간에 그때 바로 하는 것이다. 무리한 일만 아니라면, 그런 때 사람들은 자연스럽게 도움의 손길을 내미는 법이다. 어떤 부담도 느끼지 않고 하고 싶은 일을 하는 것, 그걸로 족하다.

조에이는 천재적인 두뇌뿐만 아니라 상호부조에 대한 절대적 신뢰도 갖고 있었다.

남에게 폐가 될까 걱정하지 말라.

이것이 상호부조의 핵심이다.

지금의 연금제도 역시 그런 것이 되어야만 한다고 생각한다.

효도하고 싶다.

공부하고 싶다.

돈이 필요하다.

미래의 몫까지 일하게 하는 것이 아니라, 미래의 몫으로 할당된 돈이 필요하다.

지금 당장.

연금을 받아서 도망가 버리자.

절간에서
담배를 피우다

나는 흡연자다. 굳이 고백할 일은 아닐지도 모르지만 하여튼 그렇다는 거다. 부모님들이 담배를 매우 싫어하시기 때문에 밖에 나오면 틈틈이 피우고 있다.

사실은 논문을 쓰다가 막힐 때면 산책하면서 피우고 싶을 때도 있지만 나처럼 멀쩡한 어른이 할 일 없이 돌아다니고 있으면 주위 사람들에게 싫은 소리를 듣기 마련이다. 도심에 살고 있다면 그런 일은 없을지 모른다. 그러나 내가 살고 있는 사이타마 같은 곳에서는 그런 상호 감시의 압박이 무지막지하다. 그래서 피우고 싶을 때는 꾹 참고 버티다가 아무리 해도 참을 수 없을 때는 베이포럽[*]을 사용한다. 나는

'말보로 멘솔'을 피우는데 베이포럽을 코밑에 바르면 의외로 비슷한 효과가 난다. 그러고 보면 나는 니코틴 중독이라기보다는 멘톨 향 중독일지도 모르겠다. 하여튼 그런 이유로 나는 평소에 피우지 못하는 만큼 외출했을 때는 흡연을 마음껏 즐기고 있다. 그런데 요즘 세상은 그것도 좀처럼 쉽지 않다. 친구들과 만났을 때도 연기를 싫어하는 친구 앞에서는 피우지 못하고, 밖으로 나가도 흡연이 금지된 곳이 꽤 많다. 내가 가끔 남에게 화를 내는 것이 성격 때문이기도 하겠지만 사실은 그게 담배 때문일 때가 많다.

예를 들어 가게에서 담배를 피울 수 없어 밖으로 나가 가게 앞에서 담배를 피울 때가 있다. 그러면 50대 정도의 아저씨가 다가와서는 마구 호통을 친다.

"당신, 지금 여기에서 뭐하는 거요?"

이럴 때 나는 언제나 히죽히죽 웃어 버린다. 그러면 저쪽은 더욱 화가 나서 엄청 무서운 얼굴로 "여긴 길이라고. 공

◆ 바르는 감기약. 목이나 코밑에 바르면 멘톨 향이 코로 스며들어 코막힘이나 기침을 완화시킨다.

공장소인 길이란 말입니다"라고 말한다.

나는 귀찮아져서 얼른 쭈그리고 앉아 지면에 담배를 비벼 끈다. 그러면 그 아저씨는 목소리를 높이며 "아니, 길에다 이게 무슨 짓이요!"라고 외친다.

왜 저러는 걸까.

무섭고 성가시다.

나는 담배에 대해서 생각할 때마다, 야부 시로矢部史郎 씨를 떠올리게 된다.

2000년대 초반 동경에서 노상흡연금지조례가 시행되었을 때 그는 길에다 담배꽁초 버리기 캠페인을 벌였다. 정말 대단한 사람이다. 그는 물었다.

왜 이런 괴상망측한 조례가 생긴 것인가. 이건 건강증진을 위한 것도 아니고 담뱃불이 위험하기 때문은 더더욱 아니다. 위험하기야 자동차나 오토바이가 더하지 않나. 그럼

◆ 야부 시로(矢部史郎)·야마노테 미도리(山の手緑), 『사랑과 폭력의 현대사상(愛と暴力の現代思想)』(青土社, 2006).

무엇 때문일까.

사람보다 길바닥이 더 중요해졌기 때문이다. 담배는 해롭다, 역겨운 냄새도 모자라 거리까지 더럽힌다, 그러니까 담배 피우는 사람들이 없어지고 꽁초가 사라지면 거리는 깨끗해지고 덩달아 지역 이미지도 좋아지는 효과가 나타날 것이다. 이런 주장은 어김없이 거리의 상품가치와 땅값 상승으로 이어진다. 그리고 이 모든 것은 주민의 사회적 지위에 대한 것으로 귀결된다.

소비사회에서는 집이나 차의 소유 여부가 인간의 사회적 지위를 정한다. 거리도 마찬가지일 것이다. 거리라는 상품이 인간의 가치를 결정한다. 인간보다도 길바닥이 더 소중한 것이다.

시로 씨는 그런 것 때문에 길에다 꽁초를 버리자는 말을 한 것이다. 거리를 확실히 더럽히고 짓밟아서 인간과 거리의 주종관계를 분명히 하자는 것이다. 자유롭게 담배를 피운다는 것은 그 사람이 그 장소에서 자유롭게 행동한다는 의미이다. 마음껏 더럽혀도 좋다, 적당한 정도 같은 건 없다, 각인각색 자유롭게, 재미있다고 여겨질 수 있는 무언가로 바뀌면 그걸로 된다.

담배라는 것은 분명 그런 해방감의 상징 같은 것이다. 자연스럽게 인간들을 얼렁뚱땅 모아서 생각하는 대로 자유롭게 행동하게 만든다. 그러니까 뒤집어 생각해 보면 담배가 유해하다는 것은 건강상의 이유 같은 것이 아니라 어디까지나 담뱃진으로 더럽혀지기 쉬운 상품세계를 위한 것이다.

이런 엄청난 생각을 할 수 있게 하다니, 담배, 대단하다, 엄지 척!

내가 새삼스럽게 담배가 대단하다고 생각한 것은 2010년의 어떤 일 때문이었다.

2010년은 대역사건 100주년이기도 해서 아나키스트나 공산당원, 사회주의에 관심을 가진 친구들 열대여섯 명이 함께 대역사건 투어라는 것을 조직했다.

'대역사건'은 1910년 고토쿠 슈스이幸德秋水와 그 동료들이 천황을 폭탄으로 죽이려 했다고 해서 체포된 사건이다. 스물네 명에게 사형선고가 내려졌고 그중 열두 명이 처형되고 나머지 열두 명은 무기징역에 처해졌다. 대단한 것은 이 사건이 완전히 날조된 것이라는 점이다. 당시 고토쿠는 엄청나게 유명한 사회주의자로 조금이라도 학식 있는 사람은 모르는 이가 없을 정도였다. 메이지 정부는 그런 그를 죽이고 싶어서 사건을 조작했다.

고토쿠는 고향인 고치현에 갔다가 도쿄로 돌아가는 길에 우연히 와카야마현에 들렀고, 거기서 의사인 오이시 세이노스케大石誠之助와 스님인 다카키켄묘高木顕明를 만났다. 이 만남이 어이없게도 대역사건으로 날조되었다.

우리는 사건이 일어난 와카야마현和歌山県을 중심으로 루트를 짰고, 쿠마노熊野와 신구新宮가 좋다는 말도 들었으므로 일정에 포함시켰다.

5월인가 6월이었던 것 같다. 1박2일로 우선 첫날은 쿠마노의 온천인 유노미네湯の峰 온천에서 묵었다. 유노미네 온천은 잇펜 스님과도 인연이 있는 곳으로 '나무아미타불'이라고 쓰여진 비석이 서 있다. 진짠지 아닌지 모르겠지만 그 글은 잇펜 스님이 손톱으로 긁어서 쓴 것이라 한다. 온천도 정취가 있어서 그 유명한 「오구리 판관小栗判官」의 무대가 된 곳이다. 나는 그 무렵 아직 불교에 관심이 없었기에 몰랐는데, 「오구리 판관」은 무로마치室町 시대에 정토종이 퍼트린 설화라고 한다. 정토종이란 불교의 한 종파로 잇펜 스님을 시조로 모시는 교단이다. 이 이야기를 하다 보면 괜히 흥분하여 길어질지도 모르겠지만, 그래도 이야기가 나온 김에 간단히 그 줄거리만 소개해 두겠다.

주인공은 오구리小栗. 교토의 명문가 니죠二条 가문의 계승자로 태어나 부족한 것 없이 자라났다. 이런 오구리가 성인이 되어 신부를 맞이하려고 했으나 좀처럼 맘에 드는 신부를 만날 수가 없었다. 사실 그는 미모를 엄청 밝히는 남자로 조건이 까다로웠던 모양이다. 그런 때에 큰 구렁이가 오구리에게 반해서 미인으로 변신하여 그를 유혹했다. 오구리는 당연히도 곧바로 구렁이와 관계를 가졌고 아기가 생겼다. 구렁이는 아기를 낳기 위해서 몰래 좋은 장소를 찾았는데 안타깝게도 그곳은 다른 요괴의 거처였다. 요괴와 구렁이 사이에 큰 싸움이 벌어졌고 그 영향으로 회오리가 일어나 사람이 사는 마을에 피해를 입히고 말았다. 그래서 오구리는 그 책임을 추궁당해 가문에 의절당하고 히타치노쿠니常陸の国＊로 쫓겨났다.

그런데 반성하라고 보낸 히타치노쿠니에서도 또 비슷한 일

◆ 지금의 이바라키현(茨城県).

을 반복하고 말았다. 히타치노쿠니를 통치하던 요코야마橫山라는 사람의 딸이 미인이었던 것이다. 테루테히메照手姫라는 여자였다. 첫눈에 반했던 오구리는 그녀에게 러브레터를 보내고 프로포즈까지 했다. 그녀는 우선은 가볍게 받아넘기는 답장을 보냈다. 오구리는 그 답장을 승낙으로 해석하고 강제로 방으로 들이닥쳤다. 그런데 이를 안 그녀의 아버지인 요코야마가 격노하여 오구리와 그의 가솔들을 독으로 모두 죽여 버렸다. 딸 역시 용서할 수 없었던 요코야마는 자식들에게 테루테히메를 죽이라고 명했지만 그들은 사랑하는 누이를 죽일 수 없었다. 그래서 산 채로 나무상자에 넣어서 강물에 흘려 보냈다. 결국 테루테히메는 사가미노쿠니相模の国* 에서 발견되어 노예로 살게 되었다.

그런데 이야기는 여기서부터 급전개된다. 염라대왕이 오구리를 불쌍히 여겨 다시 살려 준 것이다. 그런데 역시나 염라대왕이시다. 오구리는 눈도 보이지 않고 말도 할 수 없고 귀도 들리지 않는데다가 보기에도 끔찍한 형상으로 이승에

◆ 지금의 가나가와현(神奈川県).

던져졌다. 길바닥에 버둥거리고 있는 오구리를 주운 사람은 후지사와藤沢를 여행하던 잇펜 스님의 후계자였다. 후지사와에는 쇼죠코지淸淨光寺라는 정토종의 절이 있다. 그는 오구리의 형상을 보고 아귀아미餓鬼阿弥 라고 이름 붙였다. 그는 쿠마노의 온천 유노미네湯ノ峰에 몸을 담그면 원래의 모습으로 돌아갈지 모른다고 생각해서 수레에 아귀아미를 싣고 옮기기 시작했다. 우선은 후지아사마 신사富士浅間神社까지 끌고 갔다. 거기서 참배를 온 민중들에게 "이 수레를 끌어 옮기는 자에게는 부처님의 자비가 내릴 것이다"라고 외쳤다. 그 말을 들은 사람들은 번갈아가며 수레를 끌기 시작했다.

아귀아미의 소문을 들은 테루테히메도 그것이 오구리라고는 전혀 생각지 못하고 수레를 끌었다. 걸으면서 "아무래도 남일 같지가 않네요. 이런 모습이라도 좋으니 그가 살아난다면 좋겠어요"라고 말하며 눈물을 흘렸다. 유노미네 온천에 들어간 오구리는 완전히 부활. 원래의 모습으로 돌아오자 곧 소문이 퍼졌다. 그것을 들은 천황은 오구리를 교토로 불러들였

◆ 아미(阿弥)는 정토종의 승려에게 붙이는 칭호.

다. 천황은 오구리에게 미노美濃, 스루가駿河, 히타치常陸 세 나라를 내려주었다. 오구리는 자신의 영지에 테루테히메와 함께 오래오래 행복하게 살았다. 흐뭇한 결말이다.

덧붙여 아귀의 모습은 한센병 환자를 표현한 것이라고도 하고 장애인을 표현한 것이라고도 하고 아무튼 차별받는 사람들을 표현한 것이라고 한다. 정토종에서는 잇펜 스님의 가르침대로 '좋은 것과 부정한 것을 구분하지 말라'라는 말이 있다. 당시 천민들, 차별받는 사람들도 신도였으므로 이런 이야기를 만들었을 것이다.

지금으로 치면 길에서 담배를 피우는 것, 공원에서 사는 홈리스, 대낮에 밖에서 어슬렁거리기만 해도 눈총을 받는 나 같은 니트족*들, 거리라는 상품을 더럽힌다고, 지저분하다고 눈총받는 자들, 그런 자들을 선별하거나 구별하는 것은 옳지 않다고 호소하는 이야기가 아닌가. 사람에게 자비를, 부

---

* NEET(Not in Education, Employment or Training). 진학이나 취직을 하지 않고 취업 훈련도 받지 않으려는 20대, 30대 초반의 젊은 사람들을 말한다. 취업에 대한 의지 자체가 없기 때문에 실업자와도 구분된다. 불황 시대의 생활 경향을 보여 준다는 의미에서 개인적 차원을 넘어서는 사회적 현상을 지칭하는 말이라 할 수 있다.

처의 은혜를. 그런 이야기.

'오구리 판관' 이야기는 이 정도로 해 두기로 하고 대역사
건 투어 이야기로 돌아가 보자.

다음 날 우리는 신구^{新宮}로 갔다. 원래는 오이시 세이노스
케와 관련 있는 지역을 돌아본다는 정도로만 생각했다. 신
구에는 오이시의 조카인 니시무라 이사쿠^{西村伊作}의 기념관,
같은 지역 출신으로 대역사건의 영향을 받았다고 알려진 사
토 하루오^{佐藤春夫} 기념관 등 꼭 가 보아야 할 곳이 많았다.

그런데 버스를 타고 이동하던 중에 친구가 "아, 여기 중요
해"라며 목소리를 높였다. "구리하라 군도 꼭 가 보고 싶었
지?"라고 말하기에 잘은 모르지만 "응, 그래"라고 대답했다.
모두 줄줄이 도중에 하차했다.

우리가 내린 곳은 죠센지^{淨泉寺}. 다카키 켄묘가 재직했던

◆ 와카야마현(和歌山県) 신구시(新宮市) 출신의 교육자, 문화학원(文化学院)의 창립자이다.
문화학원은 1921년 창립되어 당시 창의적인 문화예술 교육의 산실 역할을 했으며 지금까
지 그 전통이 이어지고 있다.

◆◆ 와카야마현(和歌山県) 신구시(新宮市) 출신의 시인, 작가. 메이지 말기에 문학활동을 시작
하여 1964년 사망할 때까지 왕성하게 활동한 일본의 대표적 문인 중 하나이다.

절이다. 다카키는 진종대곡파眞宗大谷派◆의 스님으로 역시 교토쿠를 맞이하고 대접했다는 이유로 무기징역을 받았다. 대역사건 이후에는 절에서 제적되어 1914년 실의에 빠져 자살했다.

절 안으로 들어가 보니 대역사건 100년의 해라서 그런지 다카키를 중심으로 한 전시회가 열리고 있었다. 안쪽에서 주지가 나와 환영해 주었다. 사건의 개요부터 다카키의 사상까지 여러 가지 설명을 해 주었다. 물론 지금은 그것이 날조였다는 것이 명백해졌으므로 종파에서도 다카키의 명예는 회복되어 있었다. 역시 스님이라서 그런지 말씀도 잘 하시고 유익했다.

주변을 두리번거리다 보니 해가 잘 드는 툇마루가 눈에 들어왔다. 나는 거기에 걸터앉아 쾌청한 하늘을 바라보았다. 너무 기분이 좋아 뭔 일을 저지를 것만 같았다.

멍하니 황홀한 기분에 빠져 있다가 퍼뜩 정신을 차리고 보니 나도 모르게 오른손에 담배를 들고 있었다. 게다가 이

◆ 정토종의 종파 중 하나.

미 불도 붙어 있다. 숨을 내쉬자 모락모락 흰 연기까지 피
어올랐다.

옆으로 눈을 돌리자 미국에서 온 아나키스트 친구가 역시
나 담배 연기를 뽀끔뽀끔 내뿜고 있다.

"하아, 극락이 따로 없구나."

친구는 터질 듯이 웃는 얼굴이다.

그때 냄새를 맡고 달려온 공산당 친구가 목소리를 높였다.

"너희들! 지금 절에서 무슨 짓을 하고 있는 거냐?"

소란을 들은 주지가 급히 달려와 말했다.

"하하하, 괜찮습니다. 마음 깊은 곳까지 편안하게 하는 것,
그것이 절의 역할이니까요. 편하게 피우십시오."

나와 내 친구는 의기양양해져 그대로 천천히 담배를 피웠
다. 그러다 담뱃재를 버릴 장소가 없어 곤란해지기 시작했
을 때, 슥 하고 옆에서 주지의 손이 뻗쳐 왔다. 손에 재떨이
가 올려져 있었다. 우리는 진심으로 감사했다.

잘 생각해 보면 잇펜 스님도 그렇지만 정토종의 시조인
신란親鸞은 보상 없이 타인을 돕는 타인원조의 가르침을 설
파한 바 있다. 수행과 공덕을 쌓아 자신의 힘으로 구원을 얻
는 것은 좋지 않다는 것이다. 자신의 행위에 보상을 바라게

되기 때문이다. 이만큼 공덕을 쌓았으니 구원을 얻을 만하다는 둥, 무언가 가치 척도를 만드는 일이기도 하다. 선악우열의 계층구조를 인정하는 것이기도 하고 사람이 사람에게 지배당하는 것이기도 하다.

그러한 자력구제를 전부 버리고 완전한 자유에 몸을 맡기자. 자신의 노력을 통해라든가, 그런 것이 아니다. 그렇게 해서는 자력구제가 되고 만다. 신란은 그런 것이 아니라 뜻밖에 부처가 슥 손을 내밀어 줄 것이라고 했다.

우리는 무심코 부처에게 손을 잡혀서 단숨에 극락에 갈 수 있는 것이다.

그것이 타인원조의 가르침이다.

물론 이 이야기만으로는 어떻게 손을 잡힐 수 있는지 알기는 좀 어려운 감이 있지만 어쨌거나 주지가 내밀어 준 손은 분명 부처의 그것과 같은 것이 아닐까.

이것이 여행에서 가장 인상에 남았다. 물론 매우 흔해빠진 사소한 이야기이다. 그러나 나는 담배를 피운다는 것은 어떤 것인가를 그 절에서의 경험이 잘 보여 주지 않았나 하고 생각했다.

지금 우리가 길에서 담배를 피울 수 없는 것은 인간의 가치가 상품에 의해 정해지고 있기 때문이다.

얼마만큼 돈을 벌어서 좋은 상품을 살 수 있는가, 상품세계의 계층구조에 따라 인간의 우열이 판단되고 있다. 거기에서 더 높이 기어오르려고 고통에 몸부림치고 타인을 밀어내며 살아가고 있다. 그로부터 탈출하고자 하고 계층구조 그 자체를 부정하려 하면 곧 배제의 대상이 된다. 자력구제의 논리이다.

아마도 담배를 피운다는 것은 자력구제를 버리고 타인의 도움에 몸을 맡기는 일일지도 모른다.

모르는 새에 사람들이 모여들고 도로든 뭐든 상품세계와는 아무 관계도 없는 자가 되어 그 공간을 다르게 만들어 버린다.

남들이 더럽다고 하고 지저분하다고 하더라도 상관없다.

남들에게 어떻게 평가받을까가 아니라, 그저 자유롭게 행동하려는 의지에 달려 있다. 분명 거기에는 부처의 힘 같은 것이 움직이고 있지 않을까. 슥 하고 뻗쳐 온 스님의 손과 같은 것. 우리는 그 힘에 몸을 계속 맡길 수 있을까.

언제든 손은 내밀어져 있다. 그러니 그때마다 훌쩍 극락으로 따라가기만 하면 된다.

절의 툇마루에서 담배를 피우며 부처님의 가르침을 생각
한다. 나무아미타불.

돼지 발바닥이나 핥아라

야마가타山形의 도호쿠예술공과대학東北芸術工科大学에서 매주 금요일마다 시간강사로 강의를 한다. 정말 좋은 대학이다. 사이타마의 집에서 학교까지 신칸센 통근비를 지원해 주고 있는데다 원한다면 대학 가까이에 있는 교원숙소도 제공한다. 게다가 그냥 숙소가 아니다. 온천이 딸려 있는 호텔 같은 숙소이다. 사실 아침 5시에 집을 나서면 수업에 맞추어 갈 수 있지만 온천 마니아인 나는 기회를 놓치지 않고 전날 밤에 야마가타에 가곤 한다. 온천에 들어앉아 TV를 보면서 차가운 맥주를 마신다. 최고다.

대학 분위기도 매우 좋다. 학생들은 말도 안 되게 성실해서 깜짝 놀랄 정도로 열심히 수업을 듣는다. 예술계 대학이라 그런 건지도 모르겠다. 모두 소설가나 만화가, 평론가가 되고 싶어 해 취업보다도 글 쓰는 데 더 필사적이다. 대학 쪽에서도 그것을 지원해 주고 있어서 교수들도 죽을힘을 다해 글을 쓰라고 독려하고 가르친다.

한 번뿐이기는 하지만 취업강좌에서 강의를 한 적이 있는데 대학 측은 이렇게 말해 달라고 요청했다.

정규직을 얻지 않아도 괜찮다, 어떻게든 될 테니까 좋아하는 일을 하면 된다고.

나같이 나이를 먹을 만큼 먹어서도 하고 싶은 일만 하며 사는 것 같은 인간이 그런 말을 해 주면 설득력이 있을 거라고 생각했을지도.

나는 괜히 고무되어 진짜로 그런 말을 잔뜩 해 버렸다. 그런데 학생들이 과연 그렇군요 하는 얼굴로 모두 고개를 끄덕거리며 듣고 있는 것이다. 놀랍다, 일본이 아닌 것 같았다.

그런 대학이기 때문에 교수의 수업을 지원하는 시스템도 매우 좋다. 수업용 자료는 얼마든지 프린트해도 되는데다가, 무엇보다도 시간강사인데도 수업조교가 있다. 자료의 프린트부터 배포까지 전부 도움을 받고 있다. 예전에 나도 나의 스승에게 부탁받아서 조교를 한 적이 있었는데 그때는 너무 귀찮아 대충 시간을 때우고 돈만 받고 말았다. 이제 와 생각해 보니 미안한 일이다. 내 조교를 해 주고 있는 친구는 20대 후반의 여성 연구자이다. 대학원의 박사과정을 마쳤으니까 흔히들 말하는 포스트닥터다. 성실히 연구를 해 온 친구이므로 분명 나 같은 이보다는 더 머리가 좋을 거다.

강의를 하러 가면 그렇게 훌륭한 친구가 항상 VIP 대접을 해 준다. 늘 그렇듯이 나는 아침부터 축 늘어져 교원 연구실의 의자에 털썩 주저앉는다. 전날 맥주를 많이 마셔서 이미 피곤한 상태이기 때문이다. 그러면 아무 말도 않고 원두를 갈아서 커피를 내 온다. 맛있다. 몸속의 알코올이 다 빠져나가는 것 같다. 나는 평소 과묵한 편이라 먼저 그녀에게 말을 거는 일은 거의 없지만 딱 한 번 커피를 얻어 마시면서 말을 걸어본 적이 있다.

그때 나는 인종주의자를 비판하는 글을 쓰고 있었는데 좋은 제목이 떠오르지 않았다. 나쁜 사람들이니 욕설을 퍼붓는 듯한 제목이 좋겠는데 생각이 안 났다. 나는 언제나 바른 말 고운 말만 쓰는 인간이라 이럴 때 '죽어!' 같은 유치한 말밖에 생각이 안 났다. 그래서 그녀에게 뭔가 좋은 말이 없겠냐고 물어보았다. 바로 대답이 나왔다.

"지옥에나 떨어져라."

와우, 나는 곧바로 그것을 제목으로 정했다. 좋은 말이 있으면 하나쯤 더 말해 달라고 했더니 말이 떨어지자마자 바로 그녀는 이렇게 말했다.

"돼지 발바닥이나 핥아라."

헉! 대단한 제목이었다. 도대체 어디서 저런 아이디어가 나오는 걸까. 혹시 돼지가 야마카타의 명물이라서 저런 말이 금방 나오는 걸까.

내가 진심으로 뭔가 답례라도 하고 싶다고 말하자 그녀는 서둘러 자기 책상으로 가더니 서랍에서 '칩스타' 뚜껑을 가지고 왔다. 아마 그걸 모으고 있는 것 같았다. 몇 개인가를 모아서 응모하면 체브라시카(아마도 원숭이?)라는 캐릭터 상품을 준다는 것이다. 조금 전까지 주저 없이 걸쭉한 욕설을 내뱉던 친구여서 좀 당황스러웠지만, 아무려나. 나는 "알겠습니다. 친구들이랑 술 마실 일이 있으면 칩스타를 안주로 할

◆ 일본의 감자칩 상표.

게요"라고 대답했다.

물론 칩스타만으로는 안 된다. 뭐니 뭐니 해도 수업이 제일 중요하다. 이렇게 훌륭한 대접을 받았으니 제대로 수업을 하지 않으면 안 된다. 맡은 과목은 정치사상과 일본사상, 두 과목이다. 완전히 내 전공이기도 한 터라서 언제나 의욕에 넘쳐 몇 주씩이나 공들여 수업준비를 하고 있다. 얼마나 성실한 강사인지.

수업에서는 일본의 사상가를 한 회에 한 명씩 다루고 있다. 그중 가장 공을 들인 것은 모토오리 노리나가本居宣長* 이다. 『겐지모노가타리 타마노오구시源氏物語玉の小櫛**』를 읽는다. '겐지모노가타리'를 해석한 책이다. '겐지모노가타리'는 세계에서 가장 오래된 장편소설이고, 아마도 제목을 모르는 사람은 없을 것이다. 이 책은 읽으면 읽을수록 재미있다.

헤이안 시대 중반, 주인공 히카루 겐지光源氏가 끊임없이 여

◆ 모토오리 노리나가(本居宣長, 1730-1801). 에도 시대의 국학자. 겐지 모노가타리와 고지키(古事記) 등의 고전을 연구하여 해설서를 쓴 것으로 유명하다. 고지키(古事記)는 일본에서 가장 오래된 역사서.
◆◆ 에도 시대 국학자 모토오리 노리나가(本居宣長)가 쓴 겐지모노가타리 주석서. 이 책에서 '모노노아하레'를 일본 고유의 정서라고 주장하고 있다.

러 여성과 연애를 계속하는 이야기인데 읽을 때마다 가슴이
두근두근한다. 그런데 모토오리가 살아 있던 에도 시대 중
반, 겐지모노가타리는 서민 수준에서도 충분히 읽을 수 있
는 책이었음에도 불구하고 지금만큼 재미있게 읽히지 못했
다. 해석이 너무 어려웠기 때문이다.

　당시 이야기는 유교나 불교의 사상에 기반하여 해독되었
다. 어느 쪽이든 묘하게 설교적이다. 도덕을 앞세워 부부 이
외의 남녀가 관계를 맺어서는 안 되고 세속의 연애와 성욕은
나쁘다고 부정했다. '겐지모노가타리'는 겐지의 음란을 묘사
하고, 거기다 그 후의 복잡한 결과까지 그린다는 것, 남녀가
해서는 안 되는 것, 요컨대 금기와 계율을 드러내고 있다는
것이다. 지루하다. 그리고 어떻게 읽더라도 무리가 있다. 모
토오리는 오히려 단언했다. 음란, 좋은 것이다. 단지 좋기만
한 것이 아니다. 음란은 당연한 것이고 그것이 없으면 살아
있어도 의미가 없다.

　모노노아하레 다.

　모노노아하레를 안다는 것은 무엇인가. '아하레'라는 것
은 원래 보는 것, 듣는 것, 만지는 것에 마음이 움직여 나오

는 탄식, 지금의 말로 하면 '아~', '하아~' 같은 거다. 예를 들어 달과 꽃을 보고 아아 아름다운 꽃이다, 하아 좋은 달이구나 하며 감탄한다. '아하레'라는 것은 이 '아아'와 '하아'가 쌓인 것으로 한자로 '오호鳴呼'라는 문자를 '아아'라고 읽는 것도 그래서이다.**

'모노노아하레'는 어떤 것을 보고 듣고 만지면서, 즉 감각하면서 마음이 깊이 움직이는 것을 말한다. '아아, 하아'라는 건 무언가에 감동했을 때 그 마음이 솔직히 표현되는 말이기도 하고, 사람의 순수한 기분 그 자체를 말하는 것이기도 하다. 사람이 살아가는 데 있어서 가장 중요한 것이라고 할 수 있다. 모토오리에 의하면 사람의 마음은 희노애락이 있고, 거기에는 깊고 얕음의 차이는 있겠지만 기본적으로 그 전부가 '모노노아하레'라고 한다. 그리고 사람의 섬세한 감

◆ もののあはれ. 모토오리 노리나가(本居宣長)가 겐지모노가타리(源氏物語)를 분석하면서 일본 전통의 특징이라 주장했다. もの(物)와 감탄사인 あれ, はれ를 합친 말로 대상을 감각하면서 자연스럽게 느끼는 감정을 의미하며 유교적 도덕이나 교훈에 대비된다. 주로 슬픈 정서가 많기 때문에 모노노아와레(物の哀れ)라고 쓰기도 하지만 이는 모토오리 후대에 생겨난 말이다.
◆◆ 『일본의 명저 21 모토오리 노리나가(日本の名著21 本居宣長)』(中央公論社, 1984), 406쪽.

정이 가장 잘 드러나는 것이 사랑이다.

사람의 정을 느끼는 데는 사랑이 제일이다. 마음의 움직임이 깊어서 도저히 감출 수 없는 것이 바로 사랑이다. 고대 이래 지금까지의 시詩 중에서도 그 정취를 노래한 것이 많고, 걸작들 중에서도 사랑을 노래한 것이 많다. 오늘날의 노래에서도 사랑과 관계된 것이 많은 것도 자연스러운 일이고 인간의 마음도 진실로 그렇다. 그런데 사랑이라는 것은 때에 따라, 괴로운 것도 슬픈 것도 원망스러운 것도 화나는 것도 즐거운 것도 기쁜 것도 있기 마련이니 인간 감정의 모든 것이 사랑 속에 모여 있다.

요컨대 '모노노아하레'는 인간이 살아가는 일 그 자체다. 인간은 사랑을 하면서 마음이 깊이 흔들리고서야 무언가가 되겠다고 마음을 움직여 가게 된다. 때로는 잘 되지 않아서 한맺힌 괴물같이 되어 버리는 일도 있지만, 어쨌거나 '아아

◆ 같은 책, 426쪽.

~, 하아~' 하는 느낌에 의해서 어딘가를 향해 달려가게 된다. 아아, 이것이 산다는 것이구나, 아니 좀 더 다르게 살아보고 싶어, 좀 더 매력 있어 보이고 싶어 하면서.

말하자면 '모노노아하레'는 사람의 가능성 그 자체이다. 거기에는 주관적, 미적 좋고 나쁨은 있을지 모르겠지만 그 이외에는 아무것도 없다. 전적으로 자기가 좋은가, 싫은가 그것뿐이다. 객관적인 기준 같은 것이 있을 리 없다. 처음부터 이래야만 한다고 정해진 사랑은 사랑이 아니다. 모토오리에 의하면 '겐지모노가타리'는 그런 사랑이라는 것을, 어떤 시대의 사람이라도 빠져들 수 있도록 그려내고 있다. '모노노아하레'의 바이블이다.

'모노노아하레'만 있으면 된다. 그 이외는 아무것도 필요 없다. 사람의 감정은 어떤 것이라도 좋은 것이고, 어떤 사랑을 하든, 어떤 인간관계를 맺든 그 사람의 자유다. 그러나 유교와 불교는 그것을 허용하지 않는다. 아니, 그 배후에 있는 사회질서가 허용하지 않는 것일지도 모르겠다. 애초에 유교의 세계관에서 보면 우선 남녀 한 쌍으로 된 부부가 있고, 그것을 축으로 가족이 만들어진다. 자식은 부모를 공경하고 동생은 형을 존경한다. 그리고 자식이 부모를 생각하는 것처럼 신하는 군주를 공경해야만 하며, 그것을 나라라고 한다.

이처럼 가문을 토대로 하여 나라를 세운 것을 국가라고 한다. 아마도 필요 이상으로 가문의 형태를 엄격하게 지키라고 했을 것이고, 어쩌면 그것을 위한 도덕으로 유교든 불교든 끌어왔을 것이다. 그러므로 음란하기 짝이 없는 겐지모노가타리는 엄격하게 메스를 들이대어 해석해야만 하는 대상이었다. 그러나 모토오리는 절대로 양보하지 않았다.

모든 유불사상에 입각한 이야기 해석은 모두 억지에 지나지 않는다. 그 책이 도덕적이고 선악시비가 분명하다고 근엄하고 웅장하다고 하면서 표현의 아름다움을 추앙하며 거기에 갖다 맞추고 있으므로. 대체로 책의 취지라고 하는 것은 제각각이므로 유불의 사고와 다르다 하더라도 무슨 문제가 되겠는가. '모노노아하레'를 보여 주기 위해 쓴 이야기를 교화와 훈계의 뜻으로 포장하는 것은 예를 들자면 벚꽃을 보려고 애써 키운 벚나무를 잘라서 장작으로 쓰는 것과 같다.

◆ 같은 책, 441쪽.

유교든 불교든 사람의 연정에 선악의 기준을 들이대면 엉망이 된다. 그것은 '벚꽃을 보기 위해 애써 키운 벚나무를 잘라 장작으로 쓰는 것과 같다'. 애초에 자유롭게 사랑해서는 안 된다는 것은 죽어 있으라는 것과 마찬가지이다. '모노노 아하레'가 없는 인생은 인생이 아니다. 정치를 위해서인지, 사회질서를 위해서인지 모르겠지만 하여튼 그런 것을 위해서 이래서는 안 된다, 저래서는 안 된다든가 하는 소리를 들으면 어떻게든 있게 마련인 순수한 감정이 일순간에 잘려나가고 만다. 정치, 사회, 도덕. 웃기는 소리다. 모토오리는 모든 인위적 조작에 손가락질을 하고 있다. 처음부터 느껴서는 안 되는 것이란 없다. 생각해서는 안 되는 것이란 없다. 해서는 안 되는 것도 없다. 이것저것 따지지 말고 사랑해 버려라.

실제로 겐지모노가타리를 읽어 보면 어쨌거나 히카리 겐지의 사랑, 대단하다. 사랑 하나하나에 그는 담대하다. 천황의 자식으로 태어난 그는 용모가 수려하고 시적 재능도 타고났다. 초인기남이다. 드디어 성년이 되자 우선 부친인 천황의 젊은 후궁에게 손을 뻗쳤다. 아이가 태어나 이후에 천황이 되겠지만 겐지는 거기에 부담을 갖지 않았다. 나는 그저 이 사람을 죽을 정도로 사랑했을 뿐이라고. 그리고 그 후

겐지는 헤아릴 수 없을 정도로 많은 여성에게 손을 뻗쳤고 어떤 때에는 여성에게 냉정한 나머지 원혼의 재앙을 입기도 했다. 그가 사랑하는 여성이 그를 사랑했던 원혼의 저주로 죽어 버린 것이다. 그러나 겐지는 그것을 알고 매우 만족스러워하며 이렇게 말한다.

"아, 그 사람은 나를 이만큼이나 사랑해 주었던 것인가."

도무지 지치지 않는 겐지는 새로 천황의 자리에 오른 형의 아내에게도 손을 뻗었다가 들켜서 유배당했다. 그때의 겐지의 말이 또 명언이다.

"나는 나쁜 짓을 하지 않았어. 사랑을 방해하는 정치라면 똥이나 먹으라 그래."

모노노아하레다.

'겐지모노가타리'는 반정치적 이야기일지도 모르겠다. 보통 정치라는 것은 도덕과 법을 동반하는 것이고, 금지를 설정하여 그것을 지키지 않는 자를 벌하기도 한다. 처벌받는 것은 네가 나쁘기 때문, 네가 도덕적으로 나쁜 짓을 했기 때문에, 막돼먹은 놈이기 때문에 이 꼴이 된 거라고 책임을 처벌당하는 자에게 돌린다. 그러나 겐지는 그런 책임을 전혀 지지 않는다.

불륜, 훌륭해.

음란, 좋아.

전부가 사랑이므로 그 이외의 것은 생각하지 않는다.

어떻든 여자에게 더 매력 있는 남자가 되고 싶다, 그 매력을 위해 좋은 시를 읊고 싶다, 그게 가능하다면 죽어도 좋아.

900년 이상 꾸준히 읽힌 이 사랑 이야기에는 역시 어딘가 진실한 아름다움이 있다. 겐지와 같은 사랑을 하며 살아갈 수 있을까. 누구라도 홀딱 빠지는 매력, 그런 매력을 갖고 싶다.

그런 수업을 준비하고 있을 때였다. 나고야의 아나키스트 Y가 오랜만에 도쿄에 가게 되었다며 한잔하지 않겠냐고 연락을 해 왔다.

나는 그 주에 꽤 중요한 연구회에서 발표를 하기로 되어 있어서 좀 곤란했으나 모처럼 온 연락이라 만나기로 했다. 신주쿠新宿의 술집에서 4명이 모였다. 첫 잔을 막 들이켜는데 Y가 갑자기 이런 말을 꺼냈다.

"최근에는 데모에 별로 안 나가고 있어. 원자력 발전 반대, 반인종주의 같은 중요한 이슈가 여럿 있는데도 말이야. 왜 그런지 알아?"

모두 숨을 죽이고 대답을 기다렸다.

"여자들에게 인기가 없어져서."

뭐라고?

나는 내 귀를 의심했다.

Y는 겐지라도 되고 싶어진 걸까. 그러나 이야기를 잘 들어 보니 무척 진지한 뜻이 있었다. 예를 들어 원자력 발전 반대 데모에서 방사능은 위험하다고 반인종주의 데모에서는 차별은 안 된다고 목소리를 높인다.

이 주장은 물론 완전히 정당하지만 동시에 초등학생도 아는 것이다. 반대로 얘기하면 방사능은 안전하다는 정치가나 어용학자가 있고 차별은 해도 된다는 인종주의자들이 있다. 그들이 초등학생 이하의 수준이라는 말이 되는데, 그런 무리들에게 도덕 수업 같은 이야기를 하는 게 무슨 의미가 있을까. Y의 주장이다.

게다가 지금의 데모는 싱글 이슈라나 뭐라나 하면서 거북한 것은 하나도 말할 수가 없다. 좌파 우파, 사상은 다르지만 하나로 모일 수 있는 주제를 택하여 사람을 많이 모으려고 하고 있는 것이다. 그러므로 원자력 발전 반대 데모 같은 데 가면 듣게 되는 구호는 대체로 "원자력발전, 그만둬"뿐. 자본주의가 어떻다든가 국가는 필요 없다든가 세금을 걷지 말라든가 일장기 따위 불태워 버리라든가 같은 말을 하면 노여움을 산다. 해도 되는 말이 처음부터 정해져 있는 것이다. 지루하다. 도무지 흥미가 생길 것 같지 않다.

Y가 그런 이야기를 하자 옆에 있던 친구가 "그럼 세계혁명 같은 것을 말하며 데모를 했던 시절은 어땠을까" 하고 물었다. 그러자 Y는 "완전 섹시하지"라고 말했다.

세계혁명이란 이전의 좌파운동에서 자주 사용했던 슬로건인데, 확실히 이런 언어를 사용하면 뭐든 말할 수 있을 것 같은 기분이 든다.

세금반대도 세계혁명, 일장기 반대도 세계혁명, 물론 원자력 발전 반대도 세계혁명이다. 거칠 것이 없다.

이런 말을 하면 여자들에게도 인기가 있을 듯.

이런 이야기를 하면서 나는 아이디어를 얻었다. 그 주에 하기로 되어 있는 연구발표는 어떤 해외 연구서의 합평회였는데 마침 주제가 '제3세계 프로젝트'였다. 1950년대 반식민지 투쟁으로 독립을 쟁취했던 아시아, 아프리카 등 여러 국가들이 연대하여 또 하나의 세계를 구축하려고 했다. 동서 냉전의 어느 진영에도 속하지 않고, 반식민지를 키워드로 하여 지배 없는 세계를 만들려 했던 것이다. 비록 좌절되기는 하였지만 지금도 그 의미는 살아 있다.

나는 Y의 이야기를 듣고 제3세계와 연관하여 뭔가 말할 수 있을 것 같다 싶었다. 세계혁명보다 '제3세계 프로젝트'가 더 멋진 말이 아닌가 하는 생각이 들었다. 좋아, 인기남이 되어 보는 거야.

그날 나는 생각한 것을 그대로 말해 보았다. '제3세계 프로젝트', 완전 섹시하다고. 대부분은 어이없어 하며 웃기만 했다. 그러나 단 한 명, 눈을 반짝이며 고개를 끄덕이고 이야기를 들어 주는 사람이 있었다. 나와 같은 연배의 여성 연구자이자 번역가인 A였다. 처음에는 그저 나의 긴장감을 고조시키기 위해서 A를 쳐다보며 말했지만 점점 가슴이 두근거렸다.

연구회가 끝나고 나서 나는 꼭 말을 걸어 보아야겠다고 생각하고 그녀에게 가까이 갔다. 그런데 고맙게도 그쪽에서 먼저 말을 걸어 주었다. 얼마 전 내가 쓴 『오스기 사카에 평전大杉栄伝』을 읽었다고 했다. 감상을 말하며 정말 좋았다고, 어떤 사람인지 한번 만나 보고 싶었다는 것이다. 몇 번이나 만나게 되어 반갑다고 말해 주었다.

기분 좋은 건 오히려 나였다.

나는 그만 들뜨고 말아 버렸다.

드디어 내 인생에도 잘나가는 인기남의 시절이 오는 건가.

나는 용기를 내어 A를 다음 주의 술자리에 초대했다. 마침 미국에서 친구가 놀러 왔다가 귀국할 때가 되었기에 가까운 친구들끼리 송별회가 예정되어 있었다. 꼭 소개해 주고 싶은 친구들이 있다고 했더니 오겠다고 했다. 됐다! 나는 이미 좋아서 정신을 잃을 지경이 되었다. 그리고 일주일간, 나는 계속 두근두근 상태였다.

당일 A는 한 시간 정도 늦겠다고 했다. 나도 그날 다른 일이 있어서 30분가량 늦었다. 신주쿠의 중화요리점으로 갔더니 벌써 열 명 정도가 모여 있었다. 그런데 모르는 사람이 딱 한 사람 있었다. 50대 정도의 신사로 내가 아는 편집자의 옆에 앉아 있었다. 어딘가의 편집자인가 하고 생각하며 인사를 했다. 그러자 저쪽에서 "아, 당신이 구리하라 씨로군요. 처음 뵙습니다. M이라고 합니다"라고 말했다. 이름을 듣고 보니 아주 유명한 연구자라 깜짝 놀랐다. 언제나 예리하고 날카로운 글을 쓰는 사람이라서 나는 무서운 사람이라고만 생각하고 있었는데 매우 부드러운 말투로 정중하게 말을 걸어 주었다. 품위 있고 멋진 사람이었다.

조금 이야기를 하다가 그가 이렇게 말을 꺼냈다.

"제 아내가 구리하라 씨 팬이에요."

오, 감사, 역시 잘나가는 시기인가. 그런 생각을 하면서, "감사합니다. 황송하네요"라고 대답하자 그가 말했다.

"요전에 아내가 구리하라 씨를 만났는데 글하고 똑같은 사람이라고 좋아하던데요."

응? 누구지?

내가 어리둥절해 대답을 못하고 있는 사이 그가 이어 말했다.

"아내가 번역한 책을 읽으면 섹시한 사람이 될 거라고까지 해 주셨다니, 정말 감사합니다."

아아……, 눈앞이 캄캄했다.

그 뒤, 아마도 정신없이 웃어대면서 무언가를 줄창 떠들어댄 듯하지만 무슨 말을 했는지 전혀 기억이 안 난다. 분명히 A는 내가 연구회에서 책을 절찬했으니 답례 겸, 남편도 소개해 주려고 술자리에 오겠다고 한 것이겠지. 좋은 사람이다. 거기에 비해 나는 도대체 무슨 생각을 한 것인가. 젠장, 잘나가긴 뭐가. 부끄럽다.

잠시 후 정신을 차리고 보니 벌써 A가 가게로 들어오고 있었다. 인사는 했지만 눈 둘 데를 몰라서 제대로 이야기를 할 수가 없었다. 애써 얼굴을 들어 보니 A와 남편은 매우 어울리는 한 쌍이었다. 나는 내 마음을 숨기기 위해 거의 옆에 있던 친구와만 이야기를 했다. 친구가 요즘 어떤 사상에 빠져 있냐고 묻길래 무심결에 "인의仁義에 대한 것이에요"라고 대답해 버렸다. 인의는 무슨. 나는 그저 사랑이 하고 싶었을 뿐이다.

문득 모토오리와 나고야의 Y 생각이 났다. 얕은 꿈을 꾸었구나.˚ 정말이지 잘나가고 싶다. 인기남이 되고 싶다.

그러는 사이에 술자리가 끝났고 몇 명인가의 지인과 함께 가라오케에 갔다. 미국인 친구와 둘이서 나가부치 츠요시長渕剛의 노래를 불렀다. 내가 정말 좋아하는 가수다. 친구가 무조건 불러 달라고 해서 〈I Love You〉라는 곡을 골랐다. 정말 멋진 가사다.

◆ 원문은 あさきゆめみし. 겐지모노가타리(源氏物語)를 만화로 그린 책(1973~1993년 연재, 이후 단행본 출간)의 제목이기도 하다. 앞에서 겐지모노가타리의 이야기를 했으므로 그것의 현대판 만화책 제목을 내세우는 한편, 실제 뜻인 '얕은 꿈을 꾸었다'는 중의적 의미로 사용한 것이다.

내게는 내가 살아가는 방식이 있어/주체적 여성의 기분을 왜 몰라/어딘가의 레스토랑에서 지중해 요리를 먹어/이국적인 이탈리아 요리 보르쉬 스프* 뭐든지 최고/그런 것보다 나는 너를 침대에 끌어 들여/맨살의 네 가슴에 파묻혀/I Love You 그렇지?/I Love You 정말 그렇지?

옷은 역시 알마니가 좋아 아니 베르사체/구두라면 페라가모나 쥬르당/가방은 샤넬이 좋아 아니 프라다/스카프는 에르메스/돈 많은 도련님에게 받은 티파니 오픈 하트 목걸이/그런 것보다 나는 너를 침대에 끌어 들여/맨살의 네 가슴에 파묻혀/I Love You 그렇지?/I Love You 정말 그렇지?/I Love You

당연히 열창이다. 노골적으로 솔직한 가사가 묘하게 마음을 찔렀다. 그렇지, 그렇기야 하지만 이래 가지고는 여자들이 싫어하지, 인기가 없다구 마음속으로 외치면서. 그날은 마지막 전차를 놓쳐서 함께 어떤 친구의 집에서 신세를 졌

◆ 우크라이나 전통 요리.

다. 좀 더 마시자고 하긴 했지만 피곤해서 곧 잠들어 버렸다.

다음 날 친구는 미국으로 돌아갔다. 헤어질 때 나는 나도 모르게 부처님께 절이라도 하듯이 그 친구에게 손을 모았다. 무언가 구원받은 기분이었다.

그로부터 일주일 정도, 나는 어쨌거나 마셔댔다. 마시고 토하고, 마시고 토하기를 반복했다. 전부 토하고 텅 빈 상태에서 다시 시작하자. 이제 됐다 싶을 딱 그 무렵의 날이었다. 나는 언제나처럼 마지막 전차를 놓치고 친구의 집에서 신세를 졌다. 밤 두 시 정도였을까, 술을 깨려고 칼피스를 마시면서 콘소메 맛 감자칩을 먹었다. 감자칩을 씹으면서 나는 결국 가슴속에 간직했던 실연담을 친구에게 털어놓고 말았다. 친구는 깔깔거리며 웃었다. 나도 반쯤 우는 얼굴로 웃어 버렸다.

이제 슬슬 자야겠다고 생각했을 때, 친구가 "처음 먹어 보는데 콘소메 맛 칩스타도 꽤 괜찮네"라고 말했다.

응응, 응?

문득 생각났다. 그러고 보니 야마가타의 조교가 칩스타 뚜껑을 모으고 있지 않았나? 어쩐지 공연히 커피가 마시고 싶었다.

나는 친구에게 뚜껑을 달라고 했다. 친구는 의아한 얼굴을 하면서도 뚜껑을 선뜻 내 주었다.

나는 칩스타 뚜껑을 무심히 받아 가방 안에 집어넣었다.

가자, 도호쿠東北.

그렇다. 이것이 칩스타가 촉발시킨 나의 모노노아하레다.

"덧없구나 저 하늘에서 사라질 뿐인. 바람에 흩날리는 봄
눈."

백 개의, 천 개의 사랑에 취하고 싶다. 겐지로 오늘을 산다.

젠장, 돼지 발바닥이나 핥아라.

◆ 도호쿠(東北) 지방은 일본 혼슈(本州)의 동북부에 있는 지역으로 아오모리현(青森県), 이와
테현(岩手県), 미야기현(宮城県), 아키타현(秋田県), 야마가타현(山形県), 후쿠시마현(福島県)이 여
기에 속한다. 후쿠시마현에서 일어난 2011년 대지진 이후 일본 국영 철도회사인 '동일본여
객철도(JR東日本)'는 도호쿠 지역 기피 현상을 타개하기 위해 '가자, 도호쿠(いくぜ. 東北)' 캠
페인을 벌였다. 그러나 이 구호는 원자력 발전 등 근본적 문제를 외면한 부흥운동이라는 점
에서 문제가 있다. 야마가타에 있는 대학에 출강하기 위해서 저자는 동일본여객철도를 이
용했을 것이며, 그래서 이 캠페인의 문구를 가져온 것 같다. 여기서 이 슬로건은 이중적 의
미로 사용되었다. 국가와 JR이 피상적인 재난 복구를 위해 도호쿠로 가라고 권장하고 있다
면, 저자는 사랑과 감동의 감각을 위해 도호쿠로 가자고 하고 있다.

◆◆ 『源氏物語』 '女三の宮'의 시. "바람에 흩날리는 봄눈처럼, 덧없이 나는 공기 중에서 흩날리다 녹
아 사라지겠지"라는 뜻.

오 스 기 사 카 에 와 의

만 남

갓난아기가 되고 싶다. 응애응애, 응석을 부리고 싶다. 애지중지, 다정하게 다루어 주었으면. 젖가슴에 달라붙어 떨어지지 않고 싶다.

나는 오스기 사카에의 사상은 그런 것이라고 생각한다.

내가 처음 오스기 사카에의 글을 읽은 것은 고등학교 3학년 때였다.

그때 나는 매일, 어른이란 게 참 할 게 못 된다고 생각하고 있었다.

다니던 학교가 멀어서 가는 데만 세 시간이 걸렸다. 매일 아침 6시에 전차를 탔는데 딱 통근시간이라 언제나 죽을 지경이었다. 그냥 붐비기만 하면 괜찮은데 아침의 샐러리맨들은 어쨌거나 심기가 불편하다. 발이 밟혔다든가, 밀지 말라든가 하면서 늘 고함을 치고 드잡이를 한다. 그렇지 않으면 잔뜩 찌푸리고 주위를 긴장시킨다.

그런데 어느 날을 계기로 나는 이렇게는 살지 않겠다는 생각을 하게 되었다.

드물게 제대로 아침을 먹고 전차를 탄 날이었다. 배가 불러서 그런지 도중에 꾸벅꾸벅 졸았는데, 만원 전차라 사람들 사이에 끼어 있는 것을 절묘하게 이용해서 선 채로 자고 있었다.

그러다 보니 앞 사람에게 너무 기대고 있었던 모양이었다. 그걸 뿌리치려 했던 상대방의 팔꿈치가 나의 옆구리를 세게 쳤다.

나는 '윽' 하며 고개를 숙였고 그 상태에서 조금 토했다. 샐러리맨의 구두 끝에 그 토사물이 묻었다. 그걸 알아챈 샐러리맨이 아무 말도 없이 가죽가방으로 내 등을 퍽퍽 치기 시작했다.

너무 무서웠다. 아무도 도와주지 않았다. 나는 반쯤 울면서 '죄송합니다, 죄송합니다'라고 말하며 기다시피 사람들을 헤치고 나와 다음 정류장에서 내렸다.

그 이후 나는 무리하지 않기로 했다. 몸이 좋지 않아서만이 아니었다. 어쩐지 만원 전차를 필사적으로 참아 견디는 것은 저렇게 무서운 샐러리맨이 되는 것과 같다는 생각이 들었다. 저런 어른이 되고 싶지 않다, 지각해도 상관없다 하는 생각이 들고부터 힘들면 바로 도중의 역에서 내려 역이나 공원의 벤치에 앉아 통근시간이 지나가기를 기다리게 되었다. 전차가 한가해질 때까지는 한두 시간이 걸렸다. 그래서 언제나 문고본 책을 주머니에 넣고 다녔다.

당시 금방 나온 책이기도 해서 서점에 진열되어 있던 문고판 『오스기 사카에 평론집』을 샀다. 우연이었다.

공원의 벤치에서 페이지를 획획 넘기다가, 중간쯤 「자아를 버리는 것」이라는 평론을 보았다. 머릿속으로 글자가 슥하고 들어왔다. 솔직히 그런 경험은 처음이라 깜짝 놀랐다.

　군대를 뒤따라 걷는다. 저절로 발걸음이 군대와 보조를 맞춘다. 군대의 발걸음은 원래는 무의식적인 것이지만 우리의 발걸음을 거기에 맞추도록 강제한다.

어쩐지 만원 전차의 샐러리맨 같다. 실제로 군대처럼 무섭기도 하고. 그러나 그것뿐만이 아니다.

매일 모두와 똑같이 학교를 가고 수험공부를 하고 대학에 가서 결국 샐러리맨이 되려고 하는 나 자신도 그와 다르지 않다.

나의 살아가는 방법을 스스로 결정하는 것도 가능하지 않다.

자, 어떻게 할까.

백합 구근의 껍질을 벗긴다. 벗겨도 벗겨도 또 껍질이 있다. 결국 마지막 껍질을 벗기면 백합 그 자체는 아무것도 없다. 우리도 역시, 우리들 자아의 껍질을 버리고 가지 않으면 안 된다. 결국 우리들 자아 그 자체가 없어질 때까지, 그 껍질을 한 장 한 장 버리고 가지 않으면 안 된다. 그리고 제로지점에 이르렀을 때, 거기에서 다시 새롭게 출발했을 때, 처음으로 우리의 자아는 껍질이 아니라 진짜 생장을 따르게 된다.

나는 이것을 읽고 아아, 학교를 땡땡이 치는 것은 좋은 거다, 여기서 이렇게 책을 읽어야겠다고 생각했다.

언제든 무엇이든 하고 싶은 것을 해 버리면 된다. 제로가 되자, 내 인생을 다시 살아 보자, 아기가 되어 떼를 써 보자. 그렇게 해도 된다고 진심으로 생각했다.

그때의 감동이 컸던 때문일까.

그 후 나는 벌써 이 나이가 되었지만 지금도 정규직을 구하지 않고 결혼도 하지 않고 빈둥거리고 있다. 분명 오스기 사카에 탓이다.

물론 아르바이트로 일해 본 적도 있고 남들처럼 연애를 한 적도 있다. 그러나 정신 차려 보면 저 무서운 샐러리맨이 되기라도 한 것처럼 아주 지쳐 있다. 읽고 싶은 책을 읽기 위해 돈을 벌고 있는 것인데 어느새 돈을 벌려면 어쩔 수 없다면서 책 읽을 시간을 줄이고 있다.

좋아하니까 사귀고 있을 뿐인데 장래의 생활을 위해서라느니, 아이를 낳기 위해서라든가 하면서 돈 생각만 하고 있다. 모두 그러고 있으니까 괜찮다고 스스로에게 말해 가면서.

그러나 언제나 생각하는 것이다. 실제로 무엇을 하고 싶었던 것인가. 응석을 부리고 싶다. 애지중지, 다정한 대접을 받고 싶다. 젖가슴에 꼭 달라붙어 떨어지고 싶지 않다. 원하는 것은 그저 그것뿐이다.

사람은 언제든 제로가 되어 자신의 인생을 다시 살아볼 수 있다. 좋은지 나쁜지는 별도의 문제이지만 그것이 가능하지 않다면 살아 있어도 지루할 뿐이지 않을까.

오스기 사카에의 사상을 산다. 그것은 영원히 제로를 붙잡는다는 뜻이다. 응애, 응애, 아기는 절대로 울기를 멈추지 않는다.

배꼽 없는
인간들

벌써 작년 말의 일이긴 하지만, 나는 집에서 배꼽을 잃어버렸다. 비유가 아니다. 실제로 일어난 일이다.

원래 나는 옛날식 인간이라 절대로 배꼽을 만지지 않는다. 부모님으로부터 배꼽을 만지면 안 된다는 소리를 들으며 자랐기 때문이다. 부모님은 만지면 배탈이 난다든가, 바보가 된다든가 하는 말로 겁을 주셨다.

요컨대 성기만큼은 아니지만 배꼽은 숨겨야 하는 것, 가만히 놔두어야 하는 것, 소중히 다루어야 하는 것이라고 나도 모르게 생각하고 있었던 것이다.

그래서 옛날에 벼락이 치면 배꼽이 떨어진다는 소리를 들었을 때는 정말 무서웠다. 한껏 웅크리고 있는 힘껏 배꼽을 감싸 사수했을 정도다.

그런데 작년 말, 이상하게 배꼽이 버석거렸다.

무슨 일이지?

아무래도 신경이 쓰여서 목욕탕에 들어가서 가만히 들여다보았다. 그게 잘못되었던 걸까, 어쩐지 참을 수 없어서 손가락으로 배꼽을 만지고 말았다. 살짝 만져 보았는데 아무렇지도 않았다.

좋아, 좀 더 세게 만져 보았다. 그랬더니 어떻게 된 일인지 배꼽이 흐물흐물해지더니 부르르 떨리기 시작했다.

어라, 이거 위험한데.

나는 못 본 것으로 하자고 생각하고 떨리는 마음을 진정시키며 고개를 들었다. 이제 배꼽은 안 볼 거야. 그런데 그 후의 일이다.

비누로 몸을 씻고 언제나처럼 기분 좋게 샤워를 하다가 문득 배꼽 상태가 이상하다는 것을 깨달았다. 가볍게 물줄기로 씻어내고 보니 배꼽이 뱅글뱅글 돌고 있다. 어? 어안이 벙벙해져 있는 그 순간 데굴데굴 내 배꼽이 아래로 아래로 굴러가고 있었다. 그대로 샤워기의 물줄기와 함께 순식간에 배꼽은 하수구로 빨려 들어가 버렸다.

아아악! 너무 공포스러워 몸에 힘이 들어가지 않았다. 몸의 전부까지는 아니어도 무언가 중요한 것을 잃어버린 것 같은 기분이었다. 큰일났다.

나는 잠시 허둥댔지만 어떻게 할 수가 없었다. 그 후 3개월 정도 지났을 때였을까. 결국 참지 못하고 술자리에서 친구에게 말해 버렸다. 그러자 소설가이기도 한 친구 Y가 킥킥 웃으면서 이렇게 말했다.

"배꼽은 몸의 뚜껑과도 같은 거야. 뚜껑이 없어지면 먹었던 것, 내장, 혈액, 전부 떨어져 나가 버릴걸."

무서워 죽겠다. 혹시 나는 이미 인간이 아닌 건 아닐까.

그런 경험을 하고 제법 시간이 지났지만 지금까지 그게 무엇이었는지 잘 모르겠다. 그런데 최근에는 조금 알 것 같은 기분이 든다. 대학에서의 수업이 계기가 되었다.

단편소설을 골라서 학생에게 읽히고 있는데 아베코보安部公房의 「마법의 분필魔法のチョーク」도 그중 한 편이다.

◆ 아베코보(安部公房), 『벽(壁)』(新潮社, 1969).

주인공은 화가인 아르곤アルゴン. 가난해서 밥도 못 먹는다. 방에 틀어박혀 "빌어먹을, 무언가 먹고 싶어"라고 생각하고 있었다.

그런데 한 번도 본 적이 없는 붉은 분필이 놓여져 있다. 그것으로 벽에 커피며 빵이며를 그렸다. 그랬더니 그림들이 진짜가 되어 뿅 하고 튀어나왔다.

그러나 그 마법은 아침이 되면 하나도 남김 없이 모두 사라져 버렸다. 어떻게 된 일일까. 아르곤은 생각하고 또 생각한 끝에 신세계를 창조하기로 마음먹었다. 꿈의 세계를 만들어 거기에 들어가 살기로 했다. 현실을 벗어나는 것이다.

그러나 막상 해 보니 마음먹은 대로 되지는 않았다. 신세계로 가는 문을 그려 보았지만 깨어나 보면 사막만 있을 뿐 결국 현실처럼 여러 가지를 계획하고 이렇게 저렇게 만들지 않으면 살아갈 수가 없다.

아, 귀찮아서 못해 먹겠다.

아르곤은 생각했다. 그렇다. 이브다, 이브를 그리자. 알몸의 여자가 나오자 좋아서 견딜 수가 없다.

그러나 그 여자는 영문을 모른다. 현실의 문을 열고 밖으로 나가려고 하는 것을 아르곤은 거짓말로 말렸다.

"그 문은 열리지 않는 거야."

여자는 분필을 훔쳐서 벽에 그림을 그렸다. 권총과 해머.
우선은 아르곤을 향해 권총을 발사했다. 억, 아르곤이 쓰러
지자 곧바로 문을 노리고 해머를 휘둘렀다.

딱 그때다.

아침햇살이 비치고 모든 것이 사라져 버렸다. 아르곤도
함께 벽에 빨려 들어갔다.

아르곤은 마지막에 딱 한마디 이렇게 중얼거렸다.

"세상을 새로 만드는 것은 분필이 아니야."

나는 이 소설을 읽고 솔직히 이렇게 생각했다. 여자란 무
서운 것이군. 어쩐지 남의 일이 아닌 것 같았다.

물론 생각한 것은 그뿐이 아니다. 마법의 분필을 손에 넣
는다는 것은 배꼽을 잃어버리는 것과 같을 것이다.

보통 인간의 현실이라는 것은 이렇게 하면 저렇게 되고 저
렇게 하면 이렇게 된다는 식의, 정해진 법칙이 있다.

맛있는 것을 먹고 즐거운 연애를 하기 위해서는 돈이 필
요하다. 돈을 얻기 위해서는 일하지 않으면 안 된다. 일해서
이만큼 움직이면 그만큼의 보상을 받는다. 그러니까 배꼽이

라는 뚜껑을 덮고 살아가고 있는 것이다. 그렇게 뚜껑을 덮고 인간의 행동 하나하나에 표준을 설정해 놓고 그것을 따라서 살아가지 않으면 안 된다고 생각하게 된다.

아아, 귀찮다. 좀 더 자유롭게 행동해도 좋을 텐데. 갖고 싶은 것을 손에 넣기 위해서 정해진 순서를 거쳐 이러쿵저러쿵하지 않고 직접, 지금 바로 갖고 싶다고 생각해도 될 텐데. 거기서부터 꿈이, 마법이 시작된다.

그러나 아르곤이 마지막에 말했던 것처럼 그것과 신세계를 만든다는 것은 다른 문제라고 생각한다. 내용의 문제가 아니다. 세계를 인위적으로 계획하려고 하는 것 자체가 틀렸다고 생각한다. 인간의, 현실의 논리에 말려들어 버리게 되므로. 실제로는 마법의 분필은 빨간 분필이었으므로 빨간 사람들, 즉 공산당이나 혹은 다른 누군가가 사회주의국가를 만들려는 것을 암시한 건지도 모른다. 그리고 분명 그것이 틀렸다는 이야기일 수도 있다.

어쩌면 현실 세계에서 이런저런 일을 하며 먹고사는 것을 작은 일이라고 한다면, 그에 비해 신세계를 만든다는 것은 더 거창한 일일지도 모른다.

그러나 그 안에 어떤 기준 같은 것이 세워져 있다고 한다

면 지금까지의 세계와 다를 것이 없다.

오히려 지금보다 더 나빠지는 일이 많을 것이다. 그런 세계를 끝내야만 한다. 이브다, 이브를 그리자.

그런데 나는 이미 배꼽을 잃어버렸다. 부끄러워서 남에게 말하지 못할 뿐, 나처럼 배꼽을 잃어버린 사람이 꽤 많지 않을까. 꼭 배꼽이 아니어도 좋다. 인간으로서 뚜껑을 잃어버리고, 제로가 되었다고 할까, 텅 비어 버린 사람이 분명 적지 않을 것이다. 무슨 말일까. 나는 마법의 분필을 손에 넣은 것이라고 생각한다. 어떤 벽에든 상관없이, 원하는 것을, 지금 그것을 원한다고 마구 갈겨쓰면 된다.

그러나 신세계 같은 것은 없어도 된다. 큰 일이건 작은 일이건 일이라면 어느 것이든 딱 질색이다.

나는 그저 문자 그대로, 일하지 않고 먹고살고 싶을 뿐이다.

꿈속에서 현실을 걷는다.

배꼽 없는 인간들.

빌어먹을, 뭐든 먹고 싶다.

이 글을 쓰고 있던 중에 오랜 시간 일을 하고 있던 대학에서 메일이 왔다.

"선생님께는 다음 해의 과목을 부탁드릴 수 없게 되었습니다."

굳이 또 반복한다.

빌어먹을, 뭐든 먹고 싶다.

반인간적

역사 고찰

나는 정치가 싫다. 그냥 싫은 것이 아니다. 필요 없다고 생각하고 있다. 정치라는 것은 사람이 사람을 지배하는 것이다. 없는 편이 좋다. 그래서 선거인지 뭔지로 흥분해 있는 사람을 보면 김이 팍 새고 만다. 어디어디 당의 누구누구에게 표를 달라니, 알게 뭐냐.

나는 나의 의지를 타인에게 맡기는 것이 싫다. 타인의 도움이 필요하기야 하겠지. 그러나 내가 말하려는 것은, 도움이 필요 없다든가 그런 것이 아니다. 나의 주변 일을 스스로 정하지 못하는 것, 적어도 최종 결정권이 극소수의 인간에게 맡겨지는 것이 싫다는 것이다. 이건 매우 당연한 일이지만 의식하지 않고 있으면 잊어버리고 만다. 선거 따위 하고 싶지 않다. 민주주의를 끝장내자. 나는 이 당연한 감각을 놓치면 안 된다고 생각한다.

좀 어색하다. 뭔가 어울리지 않게 멋진 말을 해 버렸다. 지금 말해 본 것은 반정치라는 아나키즘의 기본원리다. 이런 말을 하고 있긴 하지만, 선거 같은 건 필요 없다고 말하다가도 친구가 전화로 "투표소에 나가부치 츠요시長渕剛의 노래를 틀어놨던데" 하는 소리를 듣고는 껑충껑충 투표소로 가서 '공산당' 같은 데 표를 던지고 오는 인간이 나다. 어쩔 수 없다. 나는 나가부치 츠요시의 광팬이니까.

참고로 투표소에서 나왔던 곡은 불멸의 명곡 〈건배〉였다. 언제 들어도 절규다. 아아, 가라오케에 가고 싶다.

다시 말하지만 나는 평소 정치에 관심이 없다. 그러나 이렇게 말하긴 해도 울화통이 터져 집요하게 주장하는 정치 문제도 있다. 원자력 발전소나 방사능 문제, 비밀보호법, 집단적 자위권, 혐오발언이 그것이다. 정치가나 차별주의자가 말하는 것, 하고 있는 짓이 너무 끔찍해서, 에잇 이 죽일 놈들 하고 벌컥 화를 내고 마는 경우도 있다.

최근 특히 너무하다고 생각하는 것은 종군위안부 문제이

다. 종군위안부 문제를 보도한 아사히 신문의 기자는 사실을 보도했음에도 불구하고 격렬하게 비난당했다. 그 기자는 지금 호쿠세이가쿠엔대학北星学園大学에서 시간강사로 일하고 있는데 거기에 폭파를 예고하는 협박장이 오고 딸을 자살로 몰아갈 거라고 말했다는 소리를 들었을 때도 너무 심하다고 생각했다. 그런데 그것뿐만이 아니다. 그 기회를 틈탔다고 할까, 그럴 줄 알았다는 듯이 우파적 담론들이 휘몰아치고 있다.

아베신조安部晋三는 일국의 수상이라는 자가 종군위안부는 일본군이 강제로 끌고 간 것이 아니라는 듯 말하고 있고, 그걸 받아서 그러므로 종군위안부는 나쁜 것이 아니라는 목소리가 점점 더 커져 가고 있다.

20년 전, 역사교과서가 전전戰前 일본의 아시아 침략을 비판적으로 그리고 있다는 이유로 그것을 자학사관이라느니 뭐라느니 몰아붙였던 적이 있다. 우리는 잘못한 것이 없는데 좌파들 때문에 일본인은 나쁜 짓을 해 왔다는 생각이 깊이 박혀 버렸다, 웃기는 일이다, 일본인의 자긍을 되살려야 한다는, 당시에는 별종 취급을 받았던 그쪽의 논리가 지금은 아주 당연한 듯이 공공연하게 주장되는 지경에 이른 것이다.

이런 이야기를 들으면 머리가 이상해진 할아버지들이 엄

청 많은가 보다 하고 넘겨 버리고 말지만 그렇다 하더라도 또 생각하게 되는 것은 소위 말하는 역사인식이다. 지금까지 옳다고 들어 온 역사인식을 비판해 보자는 것은 분명 좋은 일이지만, 그 옳고 그름을 왈가왈부하는 사이에 점점 사람들의 사고방식은 위축되어 급기야 어떤 한계에 갇히고 만다. 역사는 이렇게 생각해야 한다, 일본인은 이래야만 한다, 우리도 이렇게 하지 않으면 안 된다는 식으로 역사를 논하면 논할수록 인간의 미래는 닫혀 버리고 만다.

정말 이래도 괜찮은 것일까. 원래 역사란 무엇이었나. 이런 것을 생각할 때, 내가 항상 떠올리는 것은 타란티노 감독의 영화 〈인글로리어스 배스터즈〉* 이다.

간단히 말하자면, 이 영화는 유대인이 히틀러를 처치한다는 내용의 이야기이다.

주인공은 브래드 피트. 극중 이름은 레인 중위, 미국의 유대인 특수부대 대장이다. 이 부대의 대원은 여덟 명뿐이지

◆ <Inglourious Basterds>. 2009년에 개봉된 미국 영화. 국내 개봉 제목은 <바스터즈 : 거친 녀석들>이었다.

만 엄청나게 강하다. 강하다는 말로는 부족하다. 살인기계들이다. 레인의 명령은 단 하나. 한 명이 백 명의 나치 군인을 죽여서 머리 가죽을 벗기라는 것이다. 대원들은 전원 반쯤 미쳐 나치 사냥을 즐긴다.

예를 들어 '유대인 곰'이라 불리는 친구가 있는데 그놈은 잡은 나치 군인들을 일렬횡대로 줄 세워 배트로 머리를 퍽퍽 쳐 날리면서 간다. 박살! 통쾌해하며. 그런 놈들만 있으니 적군은 레인의 부대를 두려워하여 '인글로리어스 배스터즈'라고 부른다. 일본어로 번역하면 '최악의 미친 녀석들'이라는 의미다.

1944년 6월, 레인 부대는 점령하의 프랑스에 잠입하여 히틀러 암살을 계획했다. 마침 히틀러가 괴벨스 등 나치 간부들을 이끌고 파리의 영화관에 온다고 하니 기회가 왔다고 생각했다.

계획은 완벽하다. 레인과 부하 몇 명이 폭탄을 몸에 지니고 관객석에 앉는다. 그다음은 적당한 때를 보아서 자폭하기만 하면 된다. 만전을 기한다는 생각으로 2층에도 부하를 배치했다. 그들은 관객석을 노리고 기관총을 겨누었다. 유사시에는 이걸로 전부 죽이면 된다. 그렇게 생각하고 있었는데 실전은 생각대로 잘 되지 않았다.

일단 부하 몇 명은 성공적으로 침입하여 자리에 앉을 수 있었다. 2층의 부하들도 경비를 보던 나치 병사들을 해치우고 순조롭게 자리를 잡았다. 그러나 가장 중요한 레인이 붙잡히고 말았다. 이탈리아인인 척했으나 '본 조르노'라고 인사를 하는 발음이 너무 엉망이라 나치 친위대에게 붙잡히고 만 것이다. 같이 있던 두 명과 함께 심문당해서 밖으로 연행되어 버렸다.

레인이 오지 않는다. 영화관에 있던 부하들은 동요한다. 어쩔 줄 몰라 허둥지둥하는 사이 영화는 시작되었다. 큰일이다, 이제 틀린 건가. 포기하려 하던 바로 그때다.

사태는 급반전된다. 누군가가 영화관에 불을 지른 것이다. 가족을 나치에 잃은 유대인 여자가 같은 날 역시 히틀러를 암살하기 위해 와 있었던 것이다. 영화관은 패닉에 빠졌으나 그 여자가 문을 잠가 버리는 바람에 아무도 밖으로 나갈 수 없었다. 으악, 그때까지 폼 잡고 있던 나치 장교들이 괴로움에 몸부림치며 돼지처럼 비명을 지르고 있다. 이것을 신호라고 생각한 레인의 부하들은 계획을 실행에 옮기기 시작했다. 우선 2층에 있는 부하들이 기관총을 난사했다. 군인도 민간인도 가리지 않고 마구 내갈겼다. 히틀러도 괴벨스도 실컷 총탄을 맞고 있다.

그것을 본 1층의 부하들은 옳지, 결정타다라는 듯이 폭탄 스위치를 눌렀다. 쾅. 모두 함께 폭발. 유대인이 히틀러를 해치운 것이다.

덧붙여 레인이 어찌 되었는지도 말해 두자. 그는 나치의 친위대에 연행되었는데 도중에 친위대의 대장이 독일패전 보고를 받자 그 자리에서 항복했다. 그는 레인의 수갑을 풀어 주고 그대로 독일과 프랑스에 있으면 제물이 될 것이니 자신도 미국으로 데려가 달라고 애원했다. 레인은 거절했다. 레인은 그를 실컷 두들겨 패고 나무에 꽁꽁 묶었다. 그리고 힝힝 울부짖는 그의 머리에 나이프로 나치의 마크를 새겼다. 분명 프랑스 해방군에 의해 갈갈이 찢기겠지.

영화는 이런 '해피엔딩'으로 끝난다. 그럼 이 영화가 말하고 있는 바는 무엇일까.

인간이 역사를 어떻게 받아들이면 좋을까가 아닐까 생각해 본다. 보통 제2차 세계대전 중 유대인이라 하면 불쌍한 존재로, 아우슈비츠 같은 강제 수용소의 이미지로 그려진다. 예외 상황에 놓이거나 학살되는 것이 당연시되었다. 극도의 폭력에 노출되어 인간으로서의 존엄을 빼앗긴, 마치 돼지우리에 갇힌 돼지 같은 존재였다. 어쩌면 그 이하였을지도 모르겠다.

인간은 이처럼 끔찍한 상황에 빠지면 완전히 입을 닫아 버리고 만다. 상대가 하는 대로 당하면서 쉽게 무력감에 빠진다. 오히려 자신이 나쁜 짓을 했기 때문에 이런 일을 당하는 거라는 생각까지 한다.

사료를 주세요. 도살해 주세요, 나는 당신의 돼지이옵니다, 친절한 주인님.

중요한 것은 후세 사람들도 똑같이 생각한다는 점이다. 강제수용소의 이미지에 사로잡혔다고 말하면 적절할까. 인간이란 절대적 공포에 노출되면 아무것도 할 수 없는 존재라고 믿어 버리게 된다. 여기서 더 끔찍한 것은 그것을 이용하려는 사람들이 꽤 많다는 것이다. 핵위협이다, 테러 위험이다 하며 공포심을 잔뜩 부추기면서 경찰과 군대는 법 이상의 일을 예사로 저지르고 국민의 안전을 위해서는 어쩔 수 없다고 말한다. 무법 행위가 마치 법에 근거를 둔 것이나 되는 것처럼 생각하게 만드는 것이다.

솔직히 요즘에는 대 테러라는 말만 들어가면 뭐든 정당화되어 버리지 않는가. 사람이 사람을 지배하기 위해 사람을 무력화시키는 것.

요컨대 제2차 세계대전 후의 국가들이 아우슈비츠, 남경 대학살, 종군위안부, 원폭 등의 정치적 효과를 제대로 이용해 온 것처럼 말이다. 치사하다.

인간은 역사의 기억에 노출되면 노출될수록 국가에 순종하게 되어 버린다. 순종할 뿐만 아니라 오히려 국가 편이 되어 억지주장을 하기까지 한다. 개인의 판단 따위는 잃어버린 채 이미 일어난 과거의 역사에 얽매여 그것이 싫은 나머지 막무가내로 부정하기만 하는 것이다.

어차피 오늘날 대부분의 국가에서 유사한 일들이 벌어지고 있다, 왜 우리만 비판받아야 하나, 아우슈비츠도 홀로코스트도 없었다, 남경대학살도 종군위안부도 없었다, 있었다 하더라도 지금도 도처에서 벌어지고 있는 일일 뿐! 우리나라 만세! 어쩌구.

이에 대해 쿠엔틴 타란티노는 말한다.

왜 과거의 역사에 사로잡혀 다른 역사의 가능성을 상상하지 못하는 것인가. 인간의 가능성은 그런 것이 아니다. 인간이 살아 있는 시간이라는 건 더, 더 열려 있는 것이다. 과거도 현재도 미래도, 무한의 가능성을 안고 있는 것이다.

적어도 타란티노의 〈인글로리어스 배스터즈〉는 그렇게 호소하고 있다.

최근 이탈리아의 철학자 아감벤의 『바틀비』라는 논문을 읽으면서 과연 그렇다고 생각했다.

인간이 진정한 의미에서 자유로워지는 것은 언제나 백지의 상태로 되돌아오는 것이라고 한다. 이렇게까지 행동했으므로 너는 이렇게 하지 않으면 안 된다든가, 이렇게 하는 편이 좋다는 소리를 혹시 들은 적이 있을지 모르겠다. 그렇지만 그런 건 어찌 되었든 상관없다고, 그것을 거부할 수 있는가 아닌가가 중요하다. 그럼에도 불구하고 그렇게 하지 않는 것이 좋다는, 단지 그 이유만으로 그것을 거부하는 것이다. 언제라도 그렇게 거부할 수 있는 잠재적 힘이 있고서야 인간의 자유는 보장된다.

사실 이것은 과거의 행위에 대해서도 똑같이 말할 수 있는 것인데 이미 일어난 사건은 그때마다 그렇게 하지 않았어도 좋았을 일이기도 했다.

◆ 조르조 아감벤(Giorgio Agamben), 『바틀비(バートルビー)』(高桑和巳 訳, 月曜社, 2005).

우리 주변에는 무수한 잠재적 과거가 존재하고 있다. 그러므로 우리는 자주 현재의 현상에 현혹되어 이 현상은 이런 역사를 근거로 만들어졌다든가, 이 흐름을 따라 받아들이지 않으면 안 된다는 소리를 듣게 마련이지만 그럴 필요는 없다. '이것이 역사야'라고 말해지는 것이란, 사실 존재할 수 있었던 무수한 과거 중 하나일 뿐이다. 인류 1만 년의 역사에서 작고 작은 것일 뿐이다.

우리는 언제쯤 이렇게 '있을 수 있었던' 무수한 과거를 기반으로 지금을 온전히 살아갈 수 있게 될까. 아마도 그것이 가능해졌을 때 어떤 것에도 속박당하지 않고 자유롭게 사고하고 자유롭게 행동할 수 있을 것이다.

그러나 그렇게 해서는 안 된다고, 집요하게 달라붙는 것이 역사라는 것이다. 할 수 없다. 그렇다면 그런 역사, 한 번은 망가뜨려 버릴 수밖에 없다. 우선은 잠재적 과거의 편린에 올라타서 새로운 현실을 살아 버리자. 이미 쿠엔틴 타란티노가 보여 주고 있다.

홀로코스트가 어쩔 수 없는 역사의 기억이라면 더 잔혹한 폭력으로 상대를 쳐부수자. 산 채로 가죽을 벗겨 나의 강함을 과시하는 거다. 복수의 형이상학. 죽이기 전에 상대를 제대로 본다.

확실히 끝맺자. 안녕, 역사.

덧붙여, 굳이 더 말해 두자면 나는 지난 역사를 없었던 것으로 하자는 말을 하려는 것이 아니다. 나는 홀로코스트나 남경대학살은 없었다든가, 종군위안부가 강제된 것이 아니라든가 하는 말을 하고 싶은 것이 아니다. 그런 역사수정주의 같은 것은 기존의 역사인식에 집착해서 약간의 해석을 덧붙인 것에 불과한 것, 과거의 국가가 행한 것을 정당화하려는 것일 뿐이다. 실제로 행한 일을 문책당하자 적반하장 격으로 우리는 나쁘지 않다, 우리들 국가가 나쁜 짓을 할 리가 없다고 생각하고 싶은 것일 뿐이다. 생각이 좁쌀만 하다. 나쁜 짓을 하지 않아도 되었을 때를, 그렇지 않은 잠재적 과거를 떠올려 생각해 보는 것은 어떨까.

◆ 이것은 아카세가와 겐페이(赤瀬川原平)의 작품 제목인『복수의 형이상학-죽이기 전에 상대를 제대로 본다(復讐の形而上學-殺す前によく見る』(1963)를 비튼 것이다. 어떤 작품인지 알고 싶은 사람은 『아카세가와 겐페이의 예술원론전-1960년대부터 현재까지(赤瀬川原平芸術原論展ーー九六○年代から現在まで)』(千葉市美術館, 大分市美術館, 広島市現代美術館, 読売新聞社, 美術館連絡協議会, 2014)를 보시길.

예를 들어, 〈인글로리어스 배스터즈〉처럼, 일본에 있는 중국인과 조선인 들이 쇼와 천황과 군부의 우두머리들을 제물로 바쳐 그 머리 가죽을 벗겨 버려도 좋다. 혹은 일본인이 같은 일을 해도 좋을 것이다.

국가의 노예가 되어 그 역사를 변명하느라 애쓰지 말고, 나쁜 짓을 한 국가를 쳐부수어 버리자. 그런 영화를 보고 싶다. 그런 현실을 살아보고 싶다.

역사의 돼지로 사육되는 것은 이제 진절머리 난다.

나는 '최악의 미친 녀석'으로서 시커먼 야생돼지로 살아가고 싶다.

땅에 파묻힌 대지의 돼지들이여, 일어서라.

정치는 필요 없다.

차라리 가라오케나 가자.

노
장
사
상
의

여
성
관

빽빽 빽빽 빽, 빽빽 빽빽 빽, 빽빽 빽빽 빽, 빽빽 빽빽 빽, 빽빽 빽빽 빽, 빽빽 빽빽 빽, 빽빽 빽빽 빽빽

— 나가부치 츠요시(長渕剛)의 노래 <변변찮은 놈이야>에서

'미팅에 가고 싶다'라는 글을 쓰고 나서 벌써 일 년 반이 지났다. 그로부터 아직 미팅에 가자는 사람이 아무도 없다. 아아, 세상 인심이 본래 이런 것인가.

좀 풀이 죽어 있을 때, '타바북스'의 미야가와宮川 씨에게

◆ 이 책을 출판한 일본의 출판사.

"구리하라 씨의 여성관 같은 걸 써 보면 어떨까요"라는 의뢰를 받았다. 그러나 솔직히 말해서 누군가를 좋아하게 되었으니 그 사람이 좋다는 정도일 뿐, 그렇게 대단한 여성관이라 할 것이 내게는 없다. 그래도 이런 걸 쓰면 누군가 미팅에 초대해 줄지도 모르겠고, 이왕 쓰는 것이니 열심히 써 보고 싶었다. 그래서 곰곰 생각 끝에 미팅에 가면 자주 오가는 질문이 떠올랐다.

"당신의 이상형은 어떤 것입니까."

사실 이런 질문을 받으면 남자들은 모두 곤란해진다. 필사적으로 머리를 굴려 좋아하는 연예인의 이름이라도 대면, 그런 걸 듣자는 것이 아니라고 화를 낸다. 그러고는 가슴이 크다든가 발이 이쁜 사람이 좋다든가 같은 진짜를 말하라며 웃음거리로 삼는다. 결국 무엇을 말해도 정답은 없다. 그렇다면 어떤 말을 해도 상관없다.

그래서 언제부터인가 나는 누군가 좋아하는 여성의 타입을 물으면 망설이지 않고 다음과 같이 대답하게 되었다.

돼지예요.

돼지 같은 여자가 좋다는 것이 아니다. 그런 실례되는 말은 절대로 하지 않는다. 나는 돼지가 좋은 것이다. '빽빽' 울어대는 돼지가 좋다는 것이다.

무슨 말인지 모르겠다는 소리를 들을 것 같아서 알기 쉬운 예를 하나 들어 볼까 한다.

새끼돼지가 염소, 양과 함께 울타리에 갇혔다. 어느 날, 목동이 새끼돼지를 잡으려고 꽉 눌렀다.

그러자 새끼돼지는 뻑뻑 울어대며 격렬하게 저항했다. 양과 염소는 그 우는 소리가 듣기 싫어서 불평을 했다.

"우리도 항상 그에게 붙잡히지만 너처럼 울어대지는 않는다구."

그러자 새끼돼지는 말했다.

"너희들이랑 나랑은 사정이 달라. 그가 너희들을 붙잡는 것은 털이나 젖을 얻기 위해서지만 나를 꽉 눌러 붙잡는 것은 고기를 얻기 위한 거라고!"

이것은 이솝우화의 한 부분이다. 이 우화가 말하는 바는 돼지는 본능적으로 자신이 위험에 노출되었을 때 뻑뻑, 뻑뻑 울어대면서 필사적으로 저항한다는 것이다. 주위에서 시끄럽다고 아무리 눈치를 주어도 상관없다. 발버둥 치다 결국 생명을 빼앗겨도 상관없다. 어쨌거나 대부분의 경우 인간에게 이길 수 없어 결국 먹히고 만다. 그러나 그래도 괜찮다. 그런 것쯤이야 알고 있지만 위험하다고 생각되면 소리쳐 울어댄다. 아주 조금이라도 자신의 생명을 빼앗으려는 자들에게 불쾌감을 주고 싶은 것이다. 이 우화는 그것이 당연한 것이라고 가르쳐 주고 있다.

나는 그런 여자가 좋다는 말을 하려는 것이다. 가정이든 회사든 자신을 둘러싸서 먹어치우려는 놈이 있으면 망설이지 않고 거기를 벗어나서 새로운 사랑이든 뭐든 한다. 주변에 폐를 끼칠까 생각하지 않는다. 욕하는 자가 있으면 빽빽 울어대며 본때를 보여 준다.

너, 이상해.

나? 지극히 정상.

그래서 신세를 망쳐도 상관없다. 요는 빽빽거리는 것이 중요하다는 거다. 나는 그런 사람에 끌려서 무언가 이상한 힘과 같은 것의 일부가 되고 싶다고 생각한다. 어쨌거나 좀 인기나 얻고 나서 할 말이긴 하지만.

그런데 이런 말을 하면, 너는 왜 그렇게 돼지에 연연하냐는 소리를 들을지도 모르겠다. 확실히 나는 무슨 일이든 돼

지를 끌어와 비유할 때가 많다. 왜 그럴까. 여러 가지로 생각
해 보면 사실 그건 나의 실존에 관련되어 있는 듯하다. 유년
기 때의 강한 인상으로부터 그렇게 된 것 같다는 생각이 든
다. 그러므로 그 이야기를 조금 해 볼까 한다.

　나는 어렸을 때, 일 년에 두세 번, 외할머니집에 놀러 가
는 것을 좋아했다. 군마^{群馬}현의 오마가리^{大曲}라는 곳이다. 다
테바야시^{館林}에서 가깝다.
　외할머니집은 벼농사를 하면서 양돈업도 겸하고 있었다.
마당에는 돼지우리가 있었는데 외할머니집에 놀러 가면 항상
돼지우리에서 돼지의 울음소리가 뺵뺵 들렸다. 나는 귀여운
돼지들이 너무 좋아서 외할머니집에 도착하면 "우아, 돼지야,
돼지"라고 환호하며 달려가곤 했다. 왜 그런지는 모르겠지만
우리 가족은 외할머니집을 '돼지 할머니집'이라고 불렀다.
　그런데 초등학교 5, 6학년쯤 되었을 때였을까. 오랜만에
외할머니집에 가서 마당에 들어섰는데도 돼지 울음소리가
들리지 않았다. 주변을 두리번거리며 둘러보니 돼지우리는
안 보이고 그 자리에 작은 판잣집이 있었다. 나는 거기에 돼
지들을 옮겨놨나 생각하고 좋아하며 씩씩하게 문을 열었다.

그런데 빽빽 돼지 소리는 나지 않고 웅얼웅얼 서툰 일본어가 들려왔다. 아마도 동남 아시아계 같아 보이는 누나가 문쪽으로 오고 있었다. 필리핀인이었다. 엄청난 담배 연기와 코가 쩡할 정도로 강한 향수 냄새가 훅 다가왔던 것을 기억하고 있다. 살짝 안을 보았더니 매우 작은 건물이었는데 스무 명 정도의 여성이 침대와 의자에 앉아 있었다.

나는 좀 이상하다 생각하며 그 누나에게 "돼지는?"이라고 물어보았다. 누나는 무슨 말을 하는지 잘 알아듣지 못한 듯 그저 웃으면서 나의 머리를 쓰다듬었다. 어쩐지 에로틱한 느낌이었다.

외삼촌이 다테바야시에 필리핀인 펍과 고깃집 같은 걸 몇 군데나 시작해서 그 종업원으로 필리핀인 누나들을 고용한 것이었다. 그러나 초기비용이 없어서 외삼촌은 외할머니네 돼지를 팔아 버렸다. 그뿐 아니라 고용한 필리핀인들을 위한 별도의 숙소를 얻을 돈도 없었기 때문에 돼지우리 자리에 판잣집을 지어 거기 살게 한 것이다. 그런데 일하는 환경이 너무나 심각했다. 외삼촌의 고깃집에 가 본 적이 있는데, 거기서 일하는 필리핀인 누나들이 작은 실수를 했다는 이유만으로 일본인 매니저가 무슨 야쿠자같이 호통을 치고 욕을 했다. "이러니까 필리핀인은……"이라면서. 게다가 말대답을 했다고 어떤 누나의 머리채를 서슴없이 잡아채기도 했다. 나는 어린 마음에도 진지하게 일본인이 참 나쁘다는 생각을 했다.

그래도 모두 외할머니는 잘 따랐다. '마마, 마마' 하면서 왁자지껄 함께 빨래를 널기도 하고 밥을 짓기도 했다. 그거야, 손자 눈으로 보더라도 확실히 다정한 할머니였으니까. 솔직히 할머니가 돌아가실 때까지 나는 할머니의 화내는 얼굴을 한 번도 본 적이 없다. 그런 까닭에 할머니집에서는 필리핀 누나들도 편하게 있었고 내가 가끔 놀러 가면 피곤할 텐데도 잘 놀아 주었다. 판잣집에서 오렌지주스를 얻어먹으면서 트럼프를 하기도 하고 마당에서 베드민턴을 하기도 했던 것을 지금도 생생하게 기억하고 있다.

한번은 이런 일도 있었다.

어느 날 할머니가 곤충망을 주시면서 "누나들하고 밖에 나가서 메뚜기를 잡아 오렴" 하고 말씀하셨다. 나는 곤충채집을 좋아했으니까 신나서 마당으로 나갔다. 폴짝, 폴짝, 폴짝, 폴짝. 메뚜기들이 날고 있다. 누나들과 함께 잔뜩 잡았다. 무척 귀여웠으므로 둘이서 "이거 먹어라" 하며 안에다 풀 이파리를 넣어 주기도 했다.

그러면서 한두 시간 지났을 때였을까. 해가 저물고 있어서 슬슬 돌아가 볼까 하고 누나가 있는 쪽을 보았더니, 누나는 계속 곤충망을 들여다보고 있었다. 조금 쓸쓸해 보였다. 어쩌면 새장 속의 새라 할까, 돼지우리 같은 곳에 갇혀 있는 자신의 신세를 메뚜기들에게 겹쳐 놓고 있었을지도 모르겠다.

어쨌거나 배가 고파 오기도 해서 나는 곤충망을 들고 할머니집으로 돌아왔다.

"다녀왔습니다. 할머니, 메뚜기를 이렇게나 많이 잡았어요. 귀엽죠?"

할머니는 만면에 가득 웃음을 지으시며 말했다.

"저녁밥 다 되었으니까 조금만 기다려."

그리고 내게서 곤충망을 받아 들고 부엌으로 되돌아가셨다. 나는 메뚜기 같은 건 금방 잊고 친척들, 누나들과 거실에서 텔레비전을 보고 있었다. 좀 있으니 식탁에 밥이며 반찬이 놓였다. 그리고 할머니가 "야짱, 요리가 다 되었단다"라고 말씀하시며 커다란 접시를 가지고 오셨다. 어라, 이건 뭐지. 접시에 조그맣고 새카만 것이 오글오글 들어 있었다. 잔새우인가? 응?

"악, 아악!"

너무 놀라서 나도 모르게 비명을 질렀다. 메뚜기볶음이었다. 메뚜기가 검게 반들거리는 볶음이 되어 돌아온 것이다. 함께 갔던 필리핀 누나도 끔찍한 표정으로 쳐다보고 있었다. 그때의 뭐라고 말할 수 없는 기분을, 아니 그 누나의 표정을 지금까지도 잊을 수가 없다. 아무도 잘못하지 않았다. 그런데 뭔가 이상한 기분이 되었다. 덧붙여, 어쩔 수가 없다고 생각하여 쭈뼛쭈뼛 메뚜기를 먹어 보았는데 엄청나게 맛있었다. 너무 맛있어 멈출 수가 없을 만큼.

그런데 뭐라고 말할 수 없는 그런 기분은 어떤 것이었을까.

중국의 고전 『장자莊子』가 참고가 될 것 같다. '장자'는 기원전 3, 4세기경의 사상가로 이런저런 비유나 우화를 구사하여 지금으로 치면 아니키즘 사상 같은 것을 풀어 나간 사람이다.

소개하고 싶은 우화가 여럿 있지만, 그중에서도 나는 「산본山本 편」을 특별히 좋아한다.

장자가 어느 날, 조릉雕陵이라는 담으로 둘러싸인 밤나무 숲을 산보하고 있었다. 기묘한 새 한 마리가 남쪽에서 날아오는 것이 보였다. 날개의 넓이는 7척, 눈의 직경은 1촌이나 될까. 그것이 장자의 이마를 스치고 날아가 멈췄다.

장자는 그것을 보고 "저건 도대체 무슨 새인가. 날개는 큰
데 통 날지를 않고 눈은 큰데 잘 보지는 못하는 것 같구나"라
고 중얼거리며 옷자락을 걷고 성큼성큼 걸어가 활을 당겨 그
것을 쏘려고 했다.

그런데 잘 보니 매미 한 마리가 시원한 나무그늘에 앉아
자기 몸에 닥친 위험도 모른 채 있었다. 그 뒤에서는 사마귀
가 매미를 노리고 있었다. 그러나 사마귀 역시 눈앞의 먹잇감
에 마음을 빼앗겨 자신의 위험을 모르고 있었다. 사마귀 뒤에
아까의 기묘한 새가 있었기 때문이다. 새 역시 자신의 먹잇감
에 마음을 빼앗겨 장자가 활을 겨누고 있는 것을 눈치 채지
못하기는 마찬가지였다.

이것을 본 장자는 자신도 모르게 소름이 끼쳐 "아아, 세상
모든 만물은 서로 상대를 위험에 말려들게 하는구나. 이익
도 손해도 서로 상대를 불러들이는 것이구나"라고 중얼거렸
다. 손에 쥐었던 활을 버리고 몸을 돌려 나가려고 할 때, 밤도
둑이라고 생각한 숲지기가 뒤쫓아와 장자를 엄하게 꾸짖었
다. 집으로 돌아온 장자는 그 후 3개월 동안 울적해 있었다.

좋은 이야기다. 이왕 인용했으니 조금 보충해서 설명해

보자.

장자에 의하면 무릇 살아 있는 모든 것들은 다른 생명을 먹고 거기서 에너지를 얻어 살아간다. 언젠가는 자신도 다른 생물에게 먹혀 그것의 에너지가 되거나 세월과 함께 썩어 흙으로 돌아가 미생물의 먹이가 된다. 달리 말하면 모든 살아 있는 것들은 반드시 소멸하며 그로 인해 다른 생명의 일부가 되어 다시 살아난다. 사람도 동물도 식물도 다를 바 없다. 생물도 무생물도 끊임없이 주변으로부터 힘을 빼앗고 빼앗기며 그리하여 완전히 다른 것으로 변화하는 것이다. 만물은 생멸변화를 무한히 반복하고 있다.

아마도 이것은 인간끼리도 마찬가지일 것이다. 예를 들어 연애 같은 것에 대해서도 똑같이 말할 수 있지 않을까. 좋아하는 상대에게 아낌없이 사랑을 주고 자신의 힘을 빼앗긴다. 혹은 그 과정에서 의식하든 하지 않든 이쪽에서도 상대의 힘을 빼앗아, 우적우적 먹고 있을지도 모른다. 상대와 함께 지금까지 맛본 적 없는 쾌락에 취할 수 있다. 힘이 넘친

◆ 『장자(莊子) Ⅱ』(森三樹三郎 訳, 中央公論社, 2001), 46쪽 참조.

다. 완전히 다른 사람이 된 것 같은 기분이다. 이 쾌락은 먹어도, 먹어도 채워지지 않고 더욱더 탐욕스러워져 간다. 물론 끝없이 먹어치운 끝에는 애정이 썩어 사라지는 일도 있을지 모른다. 타락이다. 그래도 분명히 그것은 생멸변화의 조짐일 터이다. 인간은 언제나 다른 존재가 될 수 있고, 되고 있는 것이다. 나비도 될 수 있다. 돼지도 될 수 있다. 틀림없이 그 경지에 이르는 것이 참의미의 자유, 한없는 자유自由無礙다.

그러나 살아 있는 것이란 변변찮은 존재라 새로운 것으로 변화한다든가, 썩어 문드러진다든가, 죽는다든가 하는 소리를 들으면 무서워지고 만다. 나만은 다르다고, 나만은 먹어치우는 쪽이라고, 빼앗는 쪽이라고 믿고 싶어 한다. 평소에 썩어 문드러지는 것은 당연하다고 생각하고 있어도, 일단 배가 고파서 먹잇감을 눈앞에 두게 되면 이미 자신의 이해관계만으로 세상을 보게 된다. 그러므로 본래 자신도 다른 생물의 먹잇감으로 당연히 노려지고 있는데도 자신의 세계에 갇히면 그것이 보이지 않게 된다. 우화에도 있었던 것처럼 장자조차도 그랬다. 결국 마지막에 하필이면 밤도둑으로 오해받아 질책당했다. 생각만 해도 창피하다. 3개월 정도 틀어박힐 만하다.

덧붙여 장자에 의하면 다른 생물과 비교하여 인간이라는 것은 정말로 질이 나빠 있지도 않은 불변의 세계를 만들려고 한다. 영문도 모를 논리로 억지를 부리고 인간과 동물, 사물의 사이에는 구별이 있다든가, 사람 사이에도 귀천의 구별이 있다든가 하는 말을 한다. 남녀 사이에도, 일본인과 필리핀인 사이에도, 부자와 가난뱅이의 사이에도. 거기에는 확실하게 계층구조가 존재하고 있고, 인간은 얼마든지 동물을 포식해도 된다든가, 귀한 인간은 천한 인간을 얼마든지 수탈해도 된다고 말한다. 똥이다.

어떻게 설명하는 것이 가장 좋을지 잘 모르겠지만 필리핀인을 돼지우리에 가두고 그 힘을 일방적으로 빼앗고, 이익을 짜내려고 한 일본인이 그렇다고 하면 이해하기 쉬울까. 분명 나와 함께 메뚜기를 잡고, 곤충망을 들여다보던 누나는 이를 민감하게 감지하고 있었을 것이라고 생각한다. 적어도 검게 반들거리는 메뚜기볶음을 보았을 때는 밤도둑으로 오해받은 장자의 심경과 마찬가지 아니었을까.

지배하고 지배당하는 질서를 만드는 인간의 힘에 두려움을 느끼면서도 그 쓸모없음, 부자연스러움도 함께 생각했을 것이다. 메뚜기를 먹고 일본인에게 먹히는 구조가 두렵다면 모두 먹어치우면 된다. 어차피 인간이든 동물이든 만물은 결국 변하는 것이니 언제까지나 먹히는 존재로 살라는 법은 없다. 그리고 깨닫는다. 목숨은 덧없는 것이며 사랑은 뺏고 빼앗기는 것이다. 필리핀 누나와 함께 이렇게 말해 두고 싶다. 아낌없이 사랑은 빼앗는다.◆

그 후, 돼지 할머니집은 어떻게 되었을까.

그로부터 1, 2년 지나지 않아 할머니집의 돼지우리는 없어져 버렸다. 외삼촌의 가게가 장사가 잘되어 좋은 아파트로 옮겨갔다든가 그런 것이 아니다. 그 돼지들이 진가를 발휘한 것이다. 나중에 부모님과 친척들로부터 들은 이야기인데 아무래도 우리 외삼촌은 하는 짓이 지독해서 돼지우리의 냉방비에 인색했던 모양이다.

한여름, 몹시 더운 날 필리핀 누나들이 온종일 에어컨을 틀었던 모양이었다. 그걸 본 외삼촌이 전기세가 많이 나온다며 한 시간에 백 엔을 넣지 않으면 스위치가 켜지지 않도

◆ 이것은 아리시마 타케오(有島武郎)의 평론 제목이다. 「아낌없이 사랑은 빼앗는다(惜みなく愛は奪う)」(1917).

록 해 버렸던 것이다. 어쨌거나 일본에서 가장 더운 군마의 다테바야시 근처는 여름이면 40도가 족히 넘는다. 고문이다.

너무하다고 돼지들이 빽빽 소리를 지르기 시작했다. 어떤 자는 법에 호소하려고 했다. 외삼촌을 향해 "이건 명백한 인권침해다. 고소할 거다"라고 들이댔다. 그러나 그걸로는 외삼촌에게 당할 수 없었다. 외삼촌은 재빨리 해고를 해서 본국으로 되돌려 보냈다.

그러나 또 다른 여자들이 들고 일어섰다. 이번에는 직접 행동이다. 죽은 듯 있다가 남자와 밤도망을 쳤다. 즉 손님과 야반도주를 했다는 것인데, 이게 실제로 대단히 효과적인 방법이다. 나는 법적인 것에 대해서는 잘 모르지만 필리핀 누나들의 취업비자는 외삼촌 가게의 책임하에 얻은 것이다. 그러므로 그 기한이 지나서 누나들이 없어진다거나 다른 사건에 얽혀 붙잡히거나 하면 가게 책임이 된다. 그러니까 밤도망을 친 누나들이 속출하면 가게 영업이 안 되는 것뿐만 아니라 아예 가게가 끝장나는 것이다. 외삼촌은 혈안이 되어 찾아 헤맸지만 같은 짓을 하는 여자들이 끊이지 않았다. 그로부터 얼마 지나지 않아 한 가게의 여자가 매춘으로 잡히자 외삼촌의 가게까지 의심당하여 외삼촌은 경찰에 잡혀가게 되었다. 그런데 그건 필리핀 누나들이 아니라 일본 여고생이 한 짓이었다. 혐의가 풀렸으므로 외삼촌은 기소 없이 2, 3일 만에 석방되었다. 그러나 마침 그 무렵 버블 붕괴가 시작되면서 외삼촌의 가게도 단번에 기울었다. 필리핀인 펍도 고깃집도 완전히 망해 갔다. 인과응보라고 말해야 할까. 외삼촌은 하루아침에 수십억의 빚투성이가 되었다. 어쩔 수 없지.

아마 이 이야기를 들은 많은 사람은 외삼촌을 아주 나쁜 사람이라고 할지도 모르지만 나에게는 좋은 사람이었고 꽤 도움을 받았다. 맛있는 것을 사 준 적도 있고 필리핀 누나들에게도 그랬던 적이 있다. 그리고 무엇보다 지금 나는 학자금 대출로 635만 엔의 빚을 지고 있는데도, 부모님이나 친척들에게 이러쿵저러쿵 잔소리를 들은 적이 없다. 외삼촌에 비하면 그것은 별로 대단한 일이 아니기 때문이다. 어쨌거나 외삼촌 덕이다. 혈통이라고나 해야 할까. 빌린 것은 갚지 않는다.

그런데 잠자코 남자와 밤도망을 치는 것은 정말로 좋은 수단이다. 앞에서 장자의 생멸변화에 대해서 소개했는데, 그는 그 경지에 서는 것을 세 가지로 나누어 설명하고 있다.

1) 모든 것은 무無이다. 아무것도 없다.

2) 사물은 존재하지만 경계선과 구별은 없다. 무한이다.

3) 사물의 구별은 존재하지만 거기에 가치판단을 내리지 않는다.

　이것은 전혀 다른 이야기가 아니다. 같은 것이 세 가지 형태를 띠고 있는 것이다. 보통 인간은 사물을 구별하여 거기에 선악우열의 가치판단을 개입시킨다. 그리하여 불변의 질서를 만들어 내고 본래 혼돈이었던 세계를 유한하고 관리 가능한 것으로 꾸며내고 있는 것이다. 물론 이것은 지금 권력을 쥐고 있는 사람들을 위한 세계이다. 필리핀 누나들을 돼지우리에 몰아넣고 그 힘을 지독하게 수탈했다. 40도가 넘는 한여름에 냉방조차 해 주지 않았다. 그것이 인간이다, 불변의 질서라는 것이다. 정상이 아니다. 그러나 아무리 약한 입장에 있는 인간이라도 혹독한 취급을 받으면 갑자기 무언가 깨달아 버리는 때가 있다. 돌연 검게 볶은 메뚜기를 만나는 것이다.

◆ 『장자(莊子) Ⅱ』, 46쪽 참조.

언제나 으스대며 심한 짓을 일삼는 이들도 언젠가는 무언가에 잡아 먹혀 죽는다. 우열 같은 건 존재하지 않는다. 그렇다면 좋아하는 남자와 사랑에라도 빠져 보자. 나의 몸이 기쁨으로 넘쳐흘러, 내가 내가 아닌 듯 무한의 생멸변화에 취해 보자. 이쪽이 무가 된 것인가, 아니면 돼지우리가 없어진 것일까. 나를 방해하는 것은 이미 어디에도 없다. 다음은 좋아하는 상대와 가고 싶은 곳으로 달아나는 것뿐. 잠자코 남자와 밤도망을 치라. 그것은 3), 2), 1)의 스텝을 밟고 우리 몸을 생멸변화에 맡기는 일이다. 나는 불변의 질서를 사정없이 버렸다. 어떻게도 될 수 있고 무엇이라도 될 수 있다.

물론 이 밤도망이라는 것은 절반은 자살행위다. 그러나 무엇에든 힘을 다하고 나서야 비로소 다른 무언가를 선택할 수 있다. 자신이 전혀 다른 존재로 변하는 기쁨, 자유무애의 경지. 물론 인생 파멸로 끝나 버릴지도 모른다. 그렇지만 그 행동으로부터 촉발되어 다른 여자가 돼지우리에서 도망갈 수 있다면? 그리하여 그 여자가 다른 선택을 하여 성공한다면? 자신이 발화시킨 애욕의 불티가 모르는 사이에 새로운 애욕의 불꽃으로 타올라 번져 나가는 것이다.

멋지다.

이 불꽃은 돼지우리를 집어삼킬 수 있을까. 사람이 사람을 지배하는 불변의 질서를 태워 없애는 것이 가능할까.

때마침 그를 돕는 은총 같은 바람이라도 불어 주면 무적이다.

돼지가 운다.

빽빽.

돼지가 운다.

빽빽.

돼지 여자는 빽빽 아우성친다.

이것이 나의 이상형이다.

그런 여자의 발바닥을 기꺼이 핥겠다.

미친 사회를 위한

화장실 사보타주

지금으로부터 5, 6년 전이었을까. 3년 정도 계속해서 '산야山谷'의 '연말연시 살아남기 투쟁越年鬪爭'에 참가한 적이 있다. 실상은 하루 도우미를 했을 뿐이지만 그래도 여러 가지 느낀 점이 많다.

'산야'라든가 '연말연시 살아남기 투쟁'이라든가 해도 그것이 무엇인지 모르는 사람이 더 많을지도 모르겠다.

'산야'는 동경의 인력시장으로, 역 이름으로 말하면 미나미센쥬南千住나 미노와三ノ輪역 근처이다. 일용직 일을 알선하는 업자들이 많이 있어 일용직 노동자가 모여들었던 곳이다. 산야는 규모가 꽤 커서 오사카大阪의 가마가사키釜ヶ崎, 요

코하마^{橫浜}의 고토부키쵸^{寿町}와 함께 일본 3대 인력시장 중 하나로 불린다.

　지금은 그 분위기를 느끼기 힘들지만 고도성장기에는 토목, 건설, 항만 쪽 일자리가 많아 상당히 번성했던 것 같다. 그러나 1970년대 중반 무렵부터였을까, 불황 때문에 일자리가 줄어 노숙자가 된 사람들이 속출했다. 나이가 들어 몸이 쇠약해진 사람, 부상을 입거나 병이 든 사람은 말할 것도 없다. 그래서 일단 행정기관이 일용직을 알선하거나 일자리가 없으면 참새 눈물만큼의 수당을 주거나 했다. 그러나 그나마도 연말연시에는 완전히 창구를 닫아 버렸다. 그래서 모두가 새해맞이에 들떠 있을 때 가장 위기를 겪는 노숙자들을 위해 활동가들이 밥을 지어 나누어 주고, 임시로나마 추위를 피할 장소를 만들었는데 이것이 '연말연시 살아남기 투쟁'이다.

　나는 2008년 1월부터 함께하기 시작했다.

　친구와 함께 오후 무렵 갔는데 활동가들과 산야의 아저씨들이 무언가를 열심히 토론하고 있었다. 무척 활기가 있었다. 귀를 쫑긋하고 들어보니 '카레!', '돈지루^{トン汁}' 같은 말들이 들렸다. 그날의 메뉴를 정하고 있었던 것이다. 활기가 넘칠 수밖에 없는 토론 주제이다. 결국 그날은 내장국으로 결정

되었다. 그 후 장을 볼 사람을 정하고, 몇 시부터 조리를 하고 몇 시 정도에 먹을지를 척척 정해 나갔다.

후에 어느 활동가로부터 들은 이야기인데, 이렇게 모두 함께 무엇을 먹을지 정하고 만들어 가는 과정이 중요하다고 했다. 사회에서 냉대를 받았고 어쨌든 무기력해지기 쉬운 사람들이 스스로 할 일을 정하는 훈련을 하는 것에 의미가 있다는 것. 산야의 사람들은 이것을 공동취사라고 부른다.

나는 무엇을 하면 될까 하고 두리번거리고 있는데 활동가 한 분이 불렀다. 가 보니 꽤 큰 목재가 몇 개 굴러다니고 있었다. 지금부터 밥짓기용 장작을 만든다는 것이다. 좋았어, 열심히 해야지. 도끼를 찾으니 그런 건 없다고 했다. 활동가는 꾹꾹 발로 목재를 밟기 시작했다. 목재가 조각조각 불 때기 좋은 상태로 쪼개졌다. 대단했다. 그런데 막상 나는 아무리 밟아도 전혀 쪼개지지 않았다. 젠장. 손으로 잡고 있는 힘껏 땅에다 두들겨 보았지만 소용이 없었다. 활동가는 킥킥 웃으며 "형은 펜밖에 잡아 본 적이 없나 봐요"라고 말했다.

◆ 돼지고기를 넣어 끓인 국.

창피하지만 사실이었다. 결국 하나도 쪼개지 못하고 퇴각해 말없이 담배를 피웠다.

좀 있으니 장보기반이 돌아와서 모두 조리를 하게 되었다. 상을 차리고 야채를 썰기 시작했다. 이백 명 정도가 먹을 밥이니까 상당한 양이었다.

좋았어, 이거라면.

나는 조금 전의 오명을 만회하기 위해 힘을 냈다. 눈앞에 당근과 칼이 놓여 있었다. 나는 평소 요리를 안 하지만 이 정도라면 할 수 있겠지. 곧바로 칼로 당근을 쳐 보았으나 전혀 잘리지 않는다. 당근은 완전히 꽁꽁 얼어 있었다. 전력을 다할 수밖에.

으랏, 소리를 내며 칼을 누르자 슷 하는 소리가 났다.

해냈다!

응?

오렌지색 당근이 새빨갛게 물들어 있다. 나는 내 엄지손가락을 잘랐고 피가 뿜어져 나오고 있다는 것을 깨달았다. 내 비명 소리에 활동가 누나가 와서 수돗물로 피를 씻어내고 밴드를 두세 장 칭칭 감아 주었다.

나는 결국 쓸모없는 인간이 되고 말았다. 그 후, 뭐라도 해

보겠다고 쫓아다녀 보았지만 단호하게 저지당했다.

"괜찮아요. 괜히 구리하라 씨 때문에 모두 식중독에 걸릴 수도 있어요."

풀이 죽어서 가만히 보고 있는 사이에 식사가 완성되어 갔다. 드럼통 같은 엄청 큰 냄비에 채소와 내장을 되는대로 우르르 집어넣었다. 그리고 장작에 불을 붙이고 마구 끓였다. 나는 추워서 불 옆에서 계속 담배를 피우고 있었다. 그럭저럭 곧 식사는 완성. 활동가가 신호를 하자 모두가 일제히 밥그릇을 들고 나란히 줄을 섰다.

나는 좀 멈칫거리고 있었는데, 사람 좋아 보이는 아저씨가 와서 "형, 얼른 이리로 와서 줄 서요"라고 말해 주었다. 내가 "저는 괜찮아요. 손을 베어서 아무 도움도 못 되었는데" 하며 사양하자 아저씨가 "여기는 그런 놈들도 같이 먹는 곳이야" 하며 그릇을 챙겨 주었다.

줄을 서 있으니 흰밥이 수북하게 담긴 그릇 위에 샐러드가 얹히고 마지막으로 내장국이 끼얹어졌다. 국이 넘칠 정도로 부어 주었다.

기쁘다, 뜨겁다, 손가락이 아프다.

모두 '잘 먹겠습니다' 하며 먹기 시작했다. 맛있다, 정말 맛있다. 인생에서 1, 2위를 다툴 정도의 맛이다. 샐러드에 뿌려진 마요네즈와 내장국이 어울려서 절묘한 맛이 났다. 그리고 엄청나게 추운 날이기 때문이기도 했을까. 몸이 단숨에 따뜻해지는 것을 느꼈다. 에너지가 스며들어 퍼져 나갔다. 내가 꽤 행복한 얼굴을 하고 있었나 보았다. 아까 말을 걸어 주었던 아저씨가 와서 물었다.

"어때? 맛은?"

"최고예요"라고 대답하자 아저씨도 만면에 웃음이다. 그 후 밥을 우걱우걱 먹으면서 아저씨와 이야기를 했다.

"내가 말이야, 저 스카이트리˚를 만들었다구. 대단하지?"

아저씨는 전국 각지를 전전하며 여러 건물을 지었던 것 같았다.

"이야, 굉장해요. 나 같은 건 오늘 보시다시피 아무 도움도 안 되는데."

내 말에 "에헤헤, 괜찮아, 와 준 것만으로도 좋은걸"이라

˚ 도쿄에 있는 전파탑을 겸한 관광 시설. 2011년 세계에서 가장 높은 타워로 기네스북에 기록되었고 도쿄의 상징적 건축물로 유명하다.

고 대꾸하며 아저씨는 그저 웃었다.

쓸모없는 자들의 만찬.

일하지 않고 배불리 먹고 싶다.

나는 이때부터 항상 그렇게 생각하게 되었다.

이렇게 나의 첫 산야 체험은 끝났다. 재미있었다. 그런데 그로부터 몇 달이 지난 후였다. 친해진 산야의 활동가로, 나보다 5살 정도 어린 여자애가 이런 말을 했다.

"요전에 사이좋게 이야기 나눴던 아저씨 있잖아요."

내가 "응, 엄청나게 신세를 졌지요"라고 대답하자 그녀가 이어 말했다.

"있잖아, 그 아저씨 죽었어요."

병이 들었다고는 하는데 어떻게 죽었는지는 잘 모르는 것 같았다. 사실은 본명도, 나이도, 출생지도, 아무것도 모른다는 것이다. 건강보험이 있을 리 없고, 분명 알아챘을 때는 이미 늦어서 고통을 참아가면서 죽어 갔겠지.

젠장. 쇼크라 할까, 뭐라고 말할 수 없는 기분이 되었다.

이것은 소위 시민사회의 인간, 존엄한 죽음의 형태는 아니다. 시민사회에서 이런 것은 보고 싶지 않은 쓰레기나 오물 같은 것밖에 안 되겠지. 돈을 벌지 못한다고, 쓸모없다고 쓰레기 취급을 하고 병원에도 가지 못하고 사람이 죽어 가도 못 본 척한다. 그것이 사회다. 인간이다. 나는 그런 차가운 인간보다도, 아무 쓸모가 없어도 괜찮으니 얼른 먹으라고 말해 주었던 그 아저씨가 훨씬 따뜻하고 존엄하게 살아 있는 사람이라고 생각한다. 보상 같은 것 바라지 않고 타인에게 잘 대해 주는 그 마음이 고귀하다. 그러나 그것조차 인정하지 않고 오히려 부수어 버리는 것이 오늘날의 시민사회다.

일하지 않는 자 먹지도 말라.

더러운 꼴을 하고 있는 놈들은 인간이 아니라고 말하며 어떻게 하면 쫓아내 버릴 수 있을까 궁리하는 시민사회라는 놈을 솔직히 나는 망쳐 버리는 수밖에 없다고 생각하고 있다.

지금부터 그 방법을 몇 가지 찾아보려 한다.

시민사회를 끝장낸다. 이것을 생각하는 데 가장 좋은 사상가가 후나모토 슈지船本洲治다. 그는 1960년대 말부터 1970년대 초에 걸쳐 활약했다. 산야, 가마가사키釜ヶ崎의 전설적인 활동가이다.

1968년 당시 히로시마대학広島大学 학생이었던 후나모토는 산리즈카 투쟁三里塚闘争＊ 지원을 갔다가 돌아오는 길에 가끔 산야에 들렀다. 산야는 금방이라도 폭동이 일어날 것 같은 분위기였다. 그는 그 상황을 보면서 '이거, 재미있는데' 하고 생각했다. 대학의 친구들을 불러 산야에 갔다. 그 후 가마가사키를 다니면서 단숨에 지금에 이르는 인력시장 운동을 만들어갔다. 그의 행동력도 대단했지만 무엇보다도 대단한 것은 그의 사상이다.

여기서는 후나모토의 사상을 좀 소개해 볼까 한다.

지금으로 치면 프리터, 당시는 룸펜 프롤레타리아트라고 불렀는데 이것은 완전히 경멸하는 호칭이었다. 일용노동자에서 홈리스에 이르기까지 정규직을 얻지 못한 사람들은 차별적 시선에 노출되는 일이 많았다. 일할 기력이 없다든가, 생활태도가 글렀다든가, 알콜중독이라 제대로 된 사고를 못한다든가. 세상 사람들뿐 아니라 사실상 좌파들도 그렇게 생각했다. 그도 그럴 것이다. 좌파들이란 대규모 대중단체

◆ 산리즈카는 치바현(千葉県) 나리타시(成田市)에 있는 지명이며 산리즈카 투쟁은 신공항 건설(지금의 나리타 공항)을 반대하며 일어난 운동이다.

를 조직해서 그것을 배경으로 국가권력을 쥘 생각밖에 하지 않는 것 같고, 룸펜 프롤레타리아는 그 수도 드문드문한데다 각지를 전전하고 있어서 대중단체를 만들기 힘들다. 무엇보다도 그 생활태도를 의심하고 있는 관계로, 위에서 명령이랄까 동원을 해도 따라줄지 어떨지도 알 수 없었겠지. 그런 이유로 룸펜 프롤레타리아트는 좌파로부터도 배제당하고 있었던 것이다.

그런 상황을 근거로, 후나모토는 룸펜 프롤레타리아트를 긍정적인 존재로 전환시키는 것으로부터 이론을 시작했다.

우리의 기본자세는, 인민에 대해서는 '노무자야말로 미래를 내 것으로 만드는 자로서의 노동자이다'라는 것을 공언하고 백돼지들에 대해서는 '노무자로서의 특수한 존재상황을 놈들을 타도하는 무기로 전화한다'는 것이다. 그것을 통해 존재를 보여 주기 시작하고 이 세상에 존재하지 않는 것이 된 자들의 존재가 얼마나 '도리'에 맞는 존재인가를 생각하게 하는 것이다.

여기서 후나모토는 노무자, 즉 룸펜 프롤레타리아트야말

로 미래를 내 것으로 만드는 노동자라고 단언하고 있다. 미래를 내 것으로 만드는 노동자라는 것은 요컨대 마르크스주의에서 말하는 프롤레타리아를 말하며 그들은 계급투쟁의 주역이다.

후나모토에 의하면 룸펜 프롤레타리아트는 백돼지들, 즉 부르주아와는 전혀 양립할 수 없는, 오히려 그것을 때려눕힐 무기를 갖고 있다. 그렇기 때문에 그들이 진짜 프롤레타리아트라고 말하고 있는 것이다.

그런데 단지 이것뿐이라면 다시 "뭐라고?" 되묻는 사람들이 많을 것이므로 조금 더 후나모토의 말을 들어 보자.

자본주의 국가의 역사적 성질은 경제적 하부구조가 정치적 상부구조와 분리된다는 데 있다. 생산과정이 자본의 생산과정으로 둔갑해서 생산과정에서의 착취－피착취라는 계급지배의 기본구조가 상품경제과정에 덮혀 버린다. 상품경제질

◆ 후나모토 슈지(船本洲治), 「적은 무언가의 의도를 갖고 가마가사키를(敵はある意図をもって釜ヶ崎)」 『잠자코 길에서 죽어라－후나모토슈지 유고집(黙って野たれ死ねね一船本洲治遺稿集)』(れんが書房新社, 1985), 53쪽.

서(=상품매매질서, 시민질서)를 유지하는 것이 자동적으로 생산과정에서의 착취를 관철시킬 수 있도록 하는 교묘한 제도가 자본주의이다. 상품경제사회(=시민사회)에서는 그래서 자본가도 노동자도 대등(몰계급적)한 상품매매자로 나타난다. 계급적 분노와 모욕을 당하는 자, 그렇지 않은 자, 부유한 자, 가난한 자로서의 감성이 부르주아적 감성으로 나타나게 된다. 따라서 백돼지들은 기를 쓰고 시민질서를 유지하고, 부르주아국가는 법치국가의 옷을 입지 않을 수 없는 것이다.

지금 말한 사정으로부터 알 수 있듯이, 자본주의 제도에 있어서 '불량노동자'는 이중의 의미에서 추방(격리)된다. 그 하나는 불량한 노동상품이라는 이유로 생산과정에서 추방되는 것이며 또 하나는 질서의 교란자라는 이유로 시민사회에서 추방되는 것이다.

전반부가 좀 어렵게 쓰여 있기는 하지만 하려는 말은 매우 단순하다. 자본주의는 생산과정과 상품경제질서로 나눌

◆ 앞의 책, 55~56쪽.

수 있다. 그리고 특히 후자에 역점이 두어져 있다는 것이다. 생산과정이라는 것은 공장에서든 어디서든 노동자가 일한다는 것, 노동력상품을 제공한다는 것을 말한다. 상품경제질서란 유통과정이라고 바꿔 말할 수 있을 것 같은데, 상품을 파는 과정, 물류에서 판매, 소비에 이르는 과정을 말한다. 소비는 상품을 사는 사람들 중심으로 문화와 질서가 만들어져 있으므로 후나모토는 그런 사회를 시민사회라고 부르고 있다.

사람이 일을 하는 이유는 짝을 찾고 가족을 만들어 더 좋은 소비생활을 즐기기 위해서다. 시민사회의 향상을 위해서 일하고 있다. 그러나 후나모토 왈, 룸펜 프롤레타리아트는 그 어느 쪽으로부터도 추방되고 있다. 일할 생각이 없다고, 더 좋은 가정생활과 소비생활을 바라지 않는다고 간주당하고 있다. 생산과정에서 본다면 불량상품이고 상품경제질서에서 본다면 질서의 교란자이다.

여기까지는 그저 룸펜 프롤레타리아트가 배제되었다는 이야기뿐이다. 그러나 처음에 인용한 문장을 다시 환기하고 싶다. 후나모토는 그들이 억압당하고 있는 상황 자체를 무기로 삼는다고 말하고 있다. 요컨대 대담하게 상황을 바꾸어 버리자는 이야기다.

일하지 않는다, 일할 수 없다, 아무것도 사지 않는다, 아예 사는 것이 불가능하다.

그러면 거기에 입각하여 살아갈 길을 생각하면 된다. 그것만으로도 벌써 자본주의와의 거리를 만들 수 있다.

물론 백돼지들은 그것을 용서하지 않는다. 게으름뱅이, 미치광이, 전과자, 범죄자, 놈팽이, 낙오자, 알콜중독자 등등, 세상에 있는 온갖 욕을 퍼붓겠지. 나쁜 짓을 하고 있다는 열등감을 잔뜩 지워서, 필사적으로 그들을 꼼짝하지 못하게 한다. 그런 취급을 당하고 보면 이쪽에서도 제대로 싸울 수밖에 없다. 악의다, 광기다, 범죄다.

백돼지들이 악의 가득한 낙인을 찍으면 불량노동자들은 시민질서를 쥐떼처럼 휩쓸어 버린다. 가마가사키를 본거지로 하여 전국을 무대로 삼은 폭력사기단シノギ 그룹, 강간살인광 아라이 히로노리荒井博則, 유명인 대상 강도 신타니 요시히토新谷良人, 산야를 거점으로 야마노테선山手線을 휩쓸었던 소매치기 그룹, 동경 타워 사건의 토미손 준이치富村順一, 요코하마 고토부키쵸를 본거지로 한 절도단 등등. 나가야마 노리오° 도 가와사키川崎에서 일용직 노동을 한 시기가 있었다.°°

평소에도 룸펜 프롤레타리아트는 시민사회로부터 배척당한다. 거기다 비인간적 취급이 더 확산되면 정말로 미쳐 버릴 수밖에 없다. 시민사회로부터의 일탈이다. 절도든 살인이든 뭐라도 해서 살아갈 수밖에 없다. 쥐떼가 점점 더 들끓게 된다. 시민사회를 엉망진창으로 만들고 싶다. 그 질서를 물어뜯고 싶다. 정신이 이상한 쥐떼가 앞다투어 백돼지들의 시민사회를 휩쓸고 있다.

물론 후나모토가 운동으로서 절도와 살인을 일부러 불러냈을 리가 없다. 그는 룸펜 프롤레타리아트가 일제히 분노를 폭발시켜 시민질서를 때려 부수고 있는 것을 폭동 속에서 간취하고 있었다.

1960년 무렵부터 산야, 가마가사키에서는 몇 번이고 수천 명, 수만 명 규모의 폭동이 일어났다. 이유야 가지가지였지만 동료 일용노동자들이 경찰과 악덕 알선자, 야쿠자 등에게 심한 일을 당했다는 것을 듣고 모두 들고일어나 엉망

◆ 永山則夫. 1968년, 1969년에 걸쳐 4명을 권총으로 살해한 자로 구속되어 1997년 사형당했다. 옥중에서 소설가로 활동하기도 했다.
◆◆ 앞의 책, 55쪽.

진창으로 난동을 부린 것이다. 진정시킬 수가 없었다. 질서 문란이다. 엄청 신나는 일이다.

후나모토는 폭동에 대해서 이렇게 쓰고 있다.

가마가사키＝산야 폭동에서 공통적으로 말할 수 있는 것은 동료가 경찰에게 차별적, 비인간적 대우를 받는 것에 대한 노동자들의 분노 폭발로부터 시작했다는 점이다. 동료가 당한 일에서 촉발되어 노동자 개개인의 일상적인 굴욕감, 원한, 분노를 배경으로 한 대중적 반격. 하층 노동자의 계급적 증오가 집단적 자기표현으로 무장된 것, 이것이 폭동의 실질적 내용이다.◆

폭동은 하층노동자의 자기표현이다. 시민사회로부터 발길질을 당한 그 분노를 그대로 겉으로 드러낸다. 차에 불을 질러도 좋고, 경찰서에 불을 질러도 좋고, 상점에 불을 질러도 좋다. 물론 투석도 괜찮다. 주변에 굴러다니는 목재나 잡

◆「폭동은 하층노동자의 자기표현(暴動は下層勞動者の自己表現)」 앞의 책, 144쪽.

228

동사니, 무엇이든 어떻게든 사용해도 된다. 시민사회의 질서라는 놈을 때려 부수는 거다. 후나모토는 이것이 가장 혁명적인 행동이라고 생각했다.

사실 이것은, 매우 대단한 것이다. 보통 좌파라면 폭동은 긍정하지 않는다. 되는대로 행동해서 어지럽히기만 하고 특별히 무엇을 요구하는지도 알 수 없다. 이래서는 세상으로부터, 미디어로부터 사회적 지지를 얻기란 어렵다. 사람들을 많이 모을 수도 없을뿐더러 오히려 세상으로부터 멀어져 갈 뿐이다. 시민사회는 폭동을 부정하고 열심히 일해서 임금을 올려, 소비생활을 즐김으로써 유지되는 사회다. 후나모토는 이것까지 포함해서 모두 해치워 버려라, 그것이 하층노동자의 자기표현이라고 한 것이다.

후나모토가 재미있는 것은 이것을 일용노동자가 평소에 하고 있는 일과 묶어서 생각하고 있었다는 점이다.

폭동에서 시민사회로부터의 일탈을 서서히 간파할 수 있지만, 그것만이 아니다. 일용노동자는 더욱 여러 가지 형태로, 일시적으로, 비밀리에 질서교란을 행하고 있다. 오히려 폭동을 통해 그것이 가끔 가시회되는 것일 뿐이다. 그렇다면 그 요령을 익히고 스스로 실천하여 점점 주변을 포섭시

켜 나갈 수도 있을 것 같다. 어떻게 할까. 후나모토는 자신이 일용노동자로 일했던 경험을 토대로 다음과 같이 예를 들어 말하고 있다.

어떤 공장에서 화장실을 수세식으로 바꿨는데, 경영자가 째째하게도 화장지를 구비해 놓지 않았다. 그때 ①노동조합은 광범위하게 노동자들을 불러 모아 대표단을 결성하고 회사 측과 교섭하여 요구를 관철시켰다. ②전투적 청년노동자는 투쟁위원회를 결성하고 폭동을 일으킬 정도로 실력행사를 해서 회사 측을 굴복시키고 요구를 관철시켰다. ③어떤 노동자는 신문지 같은 거친 종이로 화장실을 막히게 했다.

①은 현실의 계급지배를 인정하고 자기를 '약자'로 고정하여 적을 대등 이상의 교섭상대로 설정하여 자기의 존재를 적에게 알리고 사정을 호소했다.

②는 현실의 계급지배에 분개하여 자기를 '강자'로 드러내고 적을 대등 이하의 교섭상대로 설정하여 자기의 존재를 적에게 반쯤 알리고 실력으로 요구를 듣게 했다.

③은 현실의 계급지배에 원한을 갖고 자기를 철저한 '약자'로 설정하고 따라서 적에게 자신의 존재를 알리지 않고,

더하여 적을 교섭상대로 인정하지 않고 음지식물처럼 원한을 먹고 살아간다.

화장실에 화장지가 없다면 어떻게 할까. ①과 ②는 시민사회의 논리다. 보통 정규직 노동자는 조합을 만들어 경영자와의 교섭회로를 구축해 나간다. 더욱 나은 소비생활을 하려고 생각하기 때문이다. 요컨대 노사교섭이라는 것은 시민적 질서의 한 부분인 것이다. 그다음은 질서를 바탕으로 적절히 교섭을 할 것인가, 아니면 압력을 넣어 물적 요구를 통과시킬까의 차이가 있을 뿐이다. 이것으로 화장지를 쟁취하는 것이 가능하다. 그러나 ③은 약간 위상이 다르다. 여기에 상정되어 있는 것은 확실하게 일용노동자이다.

일용노동자는 경영자와 교섭한다든가 하는 작정 같은 것이 없고, 원래부터 그런 교섭이 성립하지도 않는다. 같은 회사원도 아니고, 같은 시민사회의 인간이라고도 생각되지 않

◆ 「현투위의 임무를 훌륭하게 수행하기 위하여(現闘委の任務を立派に遂行するために)」 앞의 책, 152~153쪽.

기 때문이다. 그런데도 경영자에게 화장지를 요구한다는 건 시간 낭비일 뿐이다. 그럴 여유 따위 없다. 그렇다면 똥을 누고 신문지든 잡지든 아무 종이로나 엉덩이를 닦고 휙휙 물을 내려 버릴 수밖에 없다. 사람은 배가 아프면 똥을 싸고 엉덩이를 닦는다. 화장실이 저절로 고장난다. 화장실이 없으면 일할 수 없다. 자, 땡땡이를 치자. 그다음은 수리비를 들이든가, 화장지를 갖다 놓든가 경영자가 스스로 결정하면 된다. 잠자코 화장실을 막히게 하자. 그것이 사보타주의 철학이다. 원한을 먹고 자란 음지식물은 각인각색, 뭐라도 할 수 있다.

나는 이런 이론이 지금이야말로 필요하다고 생각하고 있다. 요즘 빈번하게 '사회의 인력시장화'라는 말이 사용되고 있다. 이 사회에서는 이미 비정규직 노동이 전면화되고 있다. 후나모토의 시대와 마찬가지로 지금의 상황도 억압의 존재상황이다. 그리고 그 억압당하는 형태도 매우 닮아 있다. 아니, 오히려 더 심해졌다고 말할 수 있을지도 모르겠다.

그러면 후나모토가 룸펜 프롤레타리아트에 대해서 말했던 것을 지금의 프리터족, 니트족에게도 사용할 수 있지 않을까.

마지막으로 이 점을 조금 더 생각해 보자.

후나모토는 자본주의를 생산과정과 시민사회의 두 가지

로 구분하고 있다. 그리고 무엇보다도 시민사회의 억압을 떨쳐내려 했다.

이 점을 노동과 소비라는 단순한 말로 바꾸어 보면 좀 더 쉽게 이해할 수 있을 것 같다.

이것은 프레드릭 로르동이 말한 것인데, 원래 공장노동을 모델로 했던 사회에서는 소비를 위해 노동이 행해졌다. 노동은 지루하고 고통스러운 것이며, 노동자는 그것을 견디고 임금을 받는다.

이에 비해 소비는 즐거운 것이고 기쁨을 동반하는 것이다. 소비는 다양한 상품 속에서 자신이 좋아하는 것을 선택하는 것이며 그것을 통해 자신을 더 근사하게 만들 수 있다. 소비를 통해 사회성이 증명되므로 인간은 일하는 것이다. 이를 위해 국가는 사람들을 보호한다. 이것이 복지국가다.

아마도 후나모토가 논한 룸펜 프롤레타리아트 멸시는 이것과 밀접하게 관계되어 있을 것이다. 그들은 단지 일하지

◆ 프레데릭 로르동(Frédéric Lordon), 『왜 우리는 기꺼이 '자본주의의 노예'가 되는 것일까?(なぜわたしたちは, 喜んで, "資本主義の奴隷"になるのか?)』(스기무라 마사아키(杉村昌昭) 옮김, 作品社, 2012)를 참조할 것.

않기 때문에 비난받는 것이 아니다. 그것뿐이라면, 정규직 노동자라 한들 마찬가지다. 임금인상을 위해 파업을 하고 일을 게을리 하기도 한다. 그런데 왜 임금을 인상하려 하는가. 행복한 시민생활을 영위하기 위해서이다. 더 나은 소비를 하기 위해서이다.

이에 비해서 룸펜 프롤레타리아트는 별로 일하지 않을 뿐 아니라 제대로 된 시민생활을 할 생각도 없다. 언제나 지저분한 몰골을 하고 있고 알코올중독자도 흔하다. 가정을 가질 수도 없다. 인간이 아니다.

게다가 소비라는 것은 여러 선택지 중에서 자신이 좋아하는 것을 고르는 것이다. 그들은 자진하여 비인간적인 짓, 반사회적인 짓을 선택한 것이다. 그렇게 비쳐지고 있기 때문에, 그래서 더욱 룸펜 프롤레타리아트는 윤리적 비난을 뒤집어쓰고 복지의 사각지대에 당연하게 놓인다.

이것이 1970년대 전반 무렵까지의 일이다. 이 무렵부터 노동과 소비의 관계가 대폭 변해 갔다. 노동과 소비가 일체화된 것이다.

전 세계 대부분의 국가가 불황을 맞았고 어쨌거나 팔리는 물건만을 만들어야 했다. 소비되는 것만 만든다. 소비될 때만 사람을 고용한다. 이것이 비정규고용이다. 로르동에 의하면 이로써 일하는 형태도 바뀌어서 노동자가 여러 노동 중할 만한 노동을 고른다는 인식이 퍼진 것이다. 소비되는 것으로서의 노동이다. 노동은 쇼핑이며, 즐거움이고, 인간성을 발휘하는 행위라고 하는.

무서운 것은 그 결과 대다수의 사람들이 가난해졌는데도 그것마저 쇼핑처럼 스스로 좋아서 선택한 결과로 여겨지게 되었다는 것이다. 그러나 사실은 그들이 어떤 노동을 선택한 것이 아니라 일자리가 없기 때문에, 노동자 중 일부만 선택되고 나머지는 선택에서 밀려난 것에 그 원인이 있지 않은가. 그런데도 프리터가 되는 것도, 니트가 되는 것도, 노숙자가 되는 것도 자신의 선택이라는 듯이 말해진다. 그리고 그들은 일자리를 갖는 것을 포기했다고 세상으로부터 윤리적 비난을 받아야 했다. 왜냐면 그것은 노동과 소비를 모두 방기하는 것과 같기 때문이다. 일자리를 갖지 않거나 갖지 못하는 것은 스스로 인간이, 시민이 아니라고 표방하는 것과 마찬가지이며 반사회적인 행위이기 때문이다. 자기책임이다. 당연히 국가는 돈을 쓰지 않는다.

결론은 후나모토가 논한 룸펜 프롤레타리아트와 프리터

나 니트, 노숙자가 억압당하는 형태가 같다는 것이다. 아마
도 지금의 형편이 더 나쁠 것이다.

사실 소비로서의 노동이라는 논리는 이미 파탄 나 있지
않은가 하고 나는 생각한다.

노동은 자율적 선택의 대상이 될 수가 없다. 2000년대 전
반, IT 거품 같은 것이 있었을 때 이런 이론이 유행했지만 지
금도 그것을 믿는 자가 있다면 그는 엄청난 바보다.

아무리 좋은 일자리라 해도 돈을 벌기 위해서는 자기다
움을 삭감당해야 하고, 결국 돈을 위해 돈을 벌 뿐이다. 당
연한 일이다.

게다가 아무리 소비로서 어쩌고 해도, 애초에 바로 그 소
비를 할 수 없게 되었다. 모두가 가난해졌기 때문이다. 집을
가질 수도 없고, 자동차도 가질 수 없고, 결혼도 할 수 없다.

시민생활은 이미 붕괴했다. 미디어가 쏟아낸 이미지를 빼
고는 눈앞에 좋아하는 상품은 진열되어 있지 않다. 대부분
의 물건은 살 수 없는 것이다. 그러나, 그렇기 때문이라고 할
까, 시민사회는 소비를 하지 않는 것은 나쁘다고 압박하고
있다. 소비를 중심으로 사회의 모든 것이 재편된 것이다. 그
리고 그 최후의 수단이 빚이다. 웬만큼 가난해도 괜찮다며

신용카드를 가지게 해서 빌린 것을 갚으라고 열을 올린다. 갚지 않으면 인간이 아니고 많이 갚은 사람은 그것만으로도 훌륭하다. 지금은 빚과 그것의 변제가 인간의 자유와 사회성을 담보하고 있는 것 같다.

분명히 말해 두어야만 한다. 그런 사회는 미쳤다고.

우리 중 대다수가 생산과정으로부터도 시민사회로부터도 추방당하고 있다. 설령 죽도록 일했다고 하더라도 비정규직이라면 인간대접을 못 받는다. 게다가 그런 취급을 받고 싶지 않으면 돈을 빌려서라도 소비를 즐기라는 따위의 이야기를 듣고 만다. 이것은 모욕이다.

그렇다면 어떻게 해야 할까.

나는 후나모토가 답을 주고 있다고 생각한다.

이 세상에 만연한 소비 논리를 공격하라. 인간의 기쁨을 돈으로 측정할 수 있을 리가 없다. 시민사회를 망쳐 버리자.

일찍이 일용노동자가 했던 것처럼 묵묵히 화장실을 막히게 할 수 있을까.

벌써 조짐이 있다. 빚을 갚지 않는 사람이 늘고 있으며 혼자서든 공동으로든 도시에 살든 지방으로 이주하든 부담 없는 장소를 찾아 되도록 돈을 쓰지 않고 생활하려는 사람이

늘고 있다. 수고를 들이지 않고 자급할 수 있는 방법 같은 것
도 점점 더 발명되지 않을까.

일하지 않고 배불리 먹고 싶다.

쓸모없는 자들의 만찬
혹은, 쓸데없는 일들의 축복

변변찮은 실력으로 번역을 하려니 처음부터 끝까지 힘에 부쳤다. 아는 단어도 한 땀 한 땀 찾아가며 번역을 해야 했고 초역을 끝내고는 어색한 일본어투를 고치기 위해 몇 번이나 교정을 봤다. 엄격한 편집자는 조금이라도 안 읽히는 구절이 있으면 이거 이상하다고 끝까지 나를 괴롭혔다. 그러니 출판될 때까지 아마도 열 번 이상은 읽었던 것 같다.

한 번을 읽어도 열 번을 읽어도 이 책에서 내가 최고로 꼽는 장면은 「미친 사회를 위한 화장실 사보타주」의, 구리하라 씨가 '산야'에서 노숙자 아저씨와 대화하는 장면이다.

"형, 얼른 이리로 와서 줄 서요."

"저는 괜찮아요, 손을 베어서 아무 도움도 못 되었는데."

"여기는 그런 놈들도 같이 먹는 곳이야."

"내가 말야, 저 스카이트리를 만들었다구. 대단하지?"

"이야, 굉장해요. 나 같은 건 오늘 보시다시피 아무 도움도 안 되는데."

"에헤헤, 괜찮아, 와 준 것만으로도 좋은걸."

쓸모없는 자들의 만찬. 혹은, 쓸데없는 일들의 축복.

나는 『일하지 않고 배불리 먹고 싶다』의 사상이 이렇게 요약된다고 생각한다.

와세다 대학원생쯤 되면 어려서부터 공부 잘하는 학생으로 꽤 인정받으면서 살았을 것이다. 논문을 쓰고 강의를 하며 세상의 이치를 찾아 옳은 방향으로 이끄는 사람이라고, 혹은 그런 사람이 되겠다고 생각했을지도 모른다. 그런데 산야에서는 그의 경력이나 지식이 별로 쓸 데가 없다. 회의를 하고 밥을 짓는 사람들 사이에서 걸리적거리기만 할 뿐. 펜대만 잡은 손으로는 장작은커녕 당근도 썰지 못한다. 기가 죽을 수밖에. 풀죽어 있는 구리하라 씨를 어떤 아저씨가 부른다.

형(잘생기면 다 형이다), 여기 와서 줄 서요(그래도 줄은 꼭 서야 한다), 같이 밥 먹어요(당신의 쓸모없음이 좋아요).

무쓸모 공화국. 이 나라에서는 일하지 않는 자들(돈을 못 버는 인간은 아무리 열심히 일해도 일하지 않는 자들일 뿐!)만이 즐겁게 배불리 먹을 수 있다. 그런 나라에서 살고 싶다.

쌀밥과 내장국과 샐러드가 한데 섞인 한 그릇의 밥.

미안해요 쓸모가 없어서.

괜찮아, 나도 쓸모없는 걸.

그러니까 우리가 만났지.

우헤헤. 그러게요.

그러면서 함께 배불리 먹는 나라. 서로의 쓸모없음이 위로가 되고 가치가 되는 나라.

자신의 쓸모를 증명하다 지쳐 버린 사람들의 이상향이다.

일하지 않는 자 먹지 말라?

책의 첫머리에도 나오다시피 '일하지 않고 배불리 먹고 싶다'는 '일하지 않는 자 먹지도 말라'를 뒤집은 말이다. '일하지 않는 자 먹지도 말라'라고 말하면 아마도 나와 비슷한 세대는 다음과 같은 노래를 떠올릴지도 모르겠다.

일하지 않는 자여 먹지도 말라, 자본가여 먹지도 말라.
무노동 무임금, 노동자탄압. 총파업으로 맞서리라.

노동자의 권리를 말하며 파업하는 노동자들에게 자본가들은 무노동 무임금의 원칙을 내세워 노동자들을 일하지 않는 자로 몰아세웠다. 기업의 이윤에 보탬이 되지 않는 일은 일이 아니다. 그러나 파업 역시 노동자의 권리이며 노동자들은 파업을 하면서도 일하고 있다. 노동자들은 파업을 통해 노동이 존중받아야 할 인간의 권리이며, 그러므로 노동자들이 기업에 고용된 노예가 아니라 그들의 일과 삶을 권리로 주장할 수 있는 주체적 인간임을 알린다. 그것은 살아 있는 인간들 모두가 존중받는 사회를 강력히 환기하는, 인류를 위한 중요한 일이다. 파업이 일이 아니라면, 자본가들의 이윤창출을 위한 경영행위 역시 일이 아니다. 사회적 이익이라는 차원에서 본다면 자본가들의 경영행위는 노동자들의 파업보다 훨씬 덜 중요한 일일지도 모른다.
상황은 점점 나빠지고 있다. 올해 최저임금위원회가 결정한 내년도(2017년) 최저임금은 시간당 6,470원이다. 단순계산으로 주 40시간 기준, 주휴수당을 제외한 한 달 월급은 103만 원 남짓이다. 열심히 일해도 배불리 먹을 수가 없다. 배불리 먹기는커녕 최저 생계를 유지하기 위해서는 하루 8시간 이상 더 많은 시간을 고되게 노동해야 한다. 그나마도 충분히 일할 수 있는 일자리가 없으므로 단순 합산된 한 달 생계비만큼이라도 벌기 위해서 몇 개의 시간제 일자리를 전전해야 하는 사람들도 많다. 더 문제는 우리의 모든 삶이 'n×6,470원'으로 계산된다는 것이다. 누군가의 삶이 한 시간의 노동에 지급되는 6,470원으로 계산된다는 것, 이 계산서 앞에서 그 사람이 살아온, 살아가야 할 그 외의 시간에 대한 존중이 사라진다. 누구나 일하고 있다. 일하지 않는 자 먹지도 말라는 말은 그 일 중 돈이 되는 일, 돈이 더 많이 되는 일을 구분하고 그것을 기준으로 인간의 자격을 논한다는 점에서 문제다. 그러니 나도 일하고 있으니 먹고살기에 충분한 돈을 달라는 말보다는 차라리 그런 것만 일이라면 나는 일하지 않겠다, 그러나 그런 인간도 존중받을 자격이 있는 인간으로 사는 곳은 없냐고 묻는 것이 필요하다.

　시도 때도 없이 삼천포로 빠지는 구리하라 씨를 흉내 내서 내 이야기를 좀 하자면, 나는 2003년에 박사학위를 받고서도 지금까지 십수 년간 시간강사로 일했다. 인생에서 단 한 번도 정규직 일자리를 가져 본 적이 없다. 널 보고 있으면 매일 새벽 덜덜 떨면서 일꾼 구하는 봉고차를 기다리는 인부들을 보는 것 같다. 언젠가, 대학원까지 나와서, 박사씩이나 되어 강사자리를 전전하는 나를 두고 아버지가 하신 말씀이다. '우아, 대박. 시인 같아요.' 정곡을 찔려 아버지의 문학적 감각을 칭송하며 웃고 말았다. 지금이라면 이렇게 말할 수 있을까. 그게 어때서요. 대학원을 나왔다고 해서 그 사람들하고 달라야 된다는 법 같은 건 없어요. 그리고 저는 지금의 제가 나쁘지 않아요. 소설 읽는 게 직업이라니 멋진 일이잖아요.

대학의 시간강사는 정확히 내가 일한 시간만큼 임금이 지급되는, 시간제 노동의 전형적인 예다. 시간당 강사료는 4만 원에서 8만 원, 대학에 따라 다르다. 최저임금보다야 높지만 주당 40시간을 시간강사로 일하는 것은 불가능하다. 시급 외에 제공되는 복지는 전혀 없다. 4대보험은 물론이고, 주휴수당도 없다. 가끔 명절 때 멸치나 식용유 같은 선물을 주는 좋은 대학이 있다. 그것이 내가 받는 유일한 복지다. 대학에서 선생들에게 월급을 준다는 것은 그 사람들의 삶, 수업을 하지 않는 시간들 전체의 존재를 인정하고 존중한다는 의미이다. 뒤집어 말하면 월급을 받지 못하는 나는 수업 이외의 시간들에 대해 아무런 가치도 인정받지 못하고 있는 사람이 된다. 대학 강의든 뭐든, 어떤 일을 하느냐는 상관없다. 사람을 이런 식으로 취급하는 사회는 이미 지옥이다. 열심히 노력해서 정규직 교수가 되면 되지 않느냐고 말하는 사람도 있다. 그러면 결국 문제는 노력하지 않고 세상일에 불평만 많은 나라는 인간에게 있는 것이 된다. 나는 그런 말을 하고 있는 것이 아니다. 정규직이 아니지만 나는 나의 일을 하고 있고 그 일을 통해 당신들과 만나고 있다. 그러니 그런 인간들에 대한 존중을 표현할 수 있는 세상에서 살고 싶다는 이야기를 하고 있는 것이다. 나는 내가 정규직 교수가 못되어서 힘들다는 이야기를 하고 있는 것이 아니라 돈이 되는 일자리, 돈으로 환산되는 시간 이외의 삶들이 배제되는 세상에 살고 있어서 불행하다는 이야기를 하고 있는 것이다.

그러면 친절한 당신은 말하겠지. 아니에요. 그렇지 않아요. 나는 당신이 임금을 받는 시간 외의 시간들에도 당신을 존중합니다. 당신의 소중함을 잊지 말아요. 물론 그렇겠지.

나도 알고 있다. 당신들이 착한 사람이라는 걸. 그러나 개인들의 선한 마음에만 기대어 삶을 지켜 나가라고 말해서는 안 된다. 그리고 우리들 대다수는 선량하지만, 그 선량함은 나약해서 부서지기 쉽다. 부족한 인간들끼리 서로 도우며 우리가 하나의 인류로 여기서 만났다는 사실을 증명하고 지지하며 격려할 무언가가 더 필요하다.

이를테면 최저임금을 최대한 인상하여 노동하는 시간 외의 시간들을 조금이라도 더 존중할 수 있게 하는 일, 쓸모없는 인간들이 서로 얼굴을 맞댈 수 있는 산야 같은 장소를 자꾸만 만드는 일, 혹은 존재하는 것만으로도 가치 있는 인간을 제도적으로 인정하는 기본소득제 같은 것.

어떤 것이라도 괜찮다.

일하지 않는 자 먹지도 말라는 가혹하고 인정머리 없는 말은 이제 좀 그만하자.

그 대신 일하지 않는 시간, 쓸데없지만 중요한 즐거움으로 가득 찬 시간들을 좀 더 돌보는 삶을 살아보고 싶다. 예컨대 내게는 소설을 읽는 시간 같은 것이 그렇다. 어렸을 적 소설을 읽던 시간이 내게 준 선물을 나는 아직도 기억하고 있다. 첫 평론집 글머리에 썼던 것도 같은데, 오래전 일이니

한 번 더 재탕을 해 보자.

골방에 틀어박혀 계몽사 문고 같은 걸 읽다 보면 나도 모르는 새 날이 어두워진다. 글자가 잘 보이지 않아 고개를 들면, 책 안의 세계와 전혀 다른 방 안의 풍경이 낯설기 그지없다. 아무렇게나 널려 있는 옷가지나 짐 뭉치들, 얼마 남지 않은 빛 속을 떠다니는 먼지, 번들거리는 장판의 무늬는 생경한데, 도깨비이거나 공주이거나 혹은 집 잃은 소년 등등이 사는 세계에서 아직 건너오지 못한 나는 그 사이에서 잠시 어리둥절해 있는 것이다. 그 어리둥절함, 여기도 저기도 아닌 경계에 서 있다는 것이 포인트다. 소설이든 드라마든 영화든 모든 이야기에 빠져 있는 시간들이 그랬다. 그 이야기를 읽는 시간들은 내가 존재하고 있는 이 공간과 시간 이외의 것들을 상상하게 했다. 기쁘고 힘들고 외롭고 한심한 와중에도 그게 다가 아니라고 딴생각을 할 수 있는 능력치가 자꾸만 높아졌다.

그런데 이 능력치라는 것이 대개는 쓸데가 없다. 시험 전날 소설을 읽느라 시험을 망치고, 소설이나 드라마를 보다가 약속에 자꾸 늦어 애인들을 화나게 했다. 무언가 성취하기 위해 골몰하고 있는 사람들 사이에서 뭘 그렇게 열심이냐고 빈정거려서 동료들을 복장 터지게 했다. '이야기를 좋아하면 가난하게 산다'는 말을 듣고 나는 마침내 이 쓸데없음의 비밀을 알았다. 아무렴, 그럴 수밖에. 여기서 성공하지 못하면 끝장이라는 마음가짐으로 죽기 살기로 눈앞의 목표를 위해 달려도 시원찮은데 틈만 나면 딴생각을 하고 이게다가 아니라고 자꾸 여기와는 다른 세계를 넘보는 인간이 부자가 될 리가 없다.

아무래도 이번 생은 틀린 모양이다. 그렇지만 이번 생이 다가 아니니까, 다른 생에서는 의외로 괜찮을지도 모르지. 거기서는 일하지 않고 배불리 먹을 수 있을지도 모르지. 송로버섯이나 캐비어로 배를 채우겠다는 것도 아니고 가끔 프리미엄 라면을 먹고 맥주를 마실 수만 있으면 되니까. 딴생각이 실의에 빠진 나를 구했다. 어쩌면 지구를 구할지도 모른다. 인간끼리 먹고살기도 바쁜 세상에 버려진 애완견을 생각하고, 가족이 없으면 세상이 무너질 듯 호들갑을 떨면서도 남녀 결합 혈연 가족이 아닌 가족을 강제로 방해하는 세상에 침을 뱉고, 주식과 부동산 투자에 미친 세상에서 덕

질의 구설수를 견디며 쓸데없이 건담이나 수집하는 인간들.
구리하라 씨가 말하는 배꼽 없는 인간들이다. 이 미친 세상
에서, 여기가 유일한 곳이 아니라고 말할 수 있는 사람은 더
많이 필요하다.

그러니 여기 와서 줄 서요.
함께 밥 먹어요.
당신의 쓸데없는 생각이 늘 고맙습니다.
덕분에 이번 생도 점점 괜찮아질 것 같은 예감이에요.

— 서영인

일하지 않고 배불리 먹고 싶다

초판 1쇄 발행 2016년 9월 5일
초판 2쇄 발행 2017년 9월 5일
지은이 구리하라 야스시 **옮긴이** 서영인
펴낸이 김혜선 **펴낸곳** 서유재 **등록** 제2015-000217호
주소 (우)04091 서울 마포구 잔다리로7길 18(서교동 377-20) 403호
전화 070-5135-1866 **팩스** 0505-116-1866 **대표메일** outdoorlamp@hanmail.net
종이 엔페이퍼 **인쇄** 성광인쇄

ISBN 979-11-957648-2-2 03300